**CONGREGAÇÃO PARA OS INSTITUTOS
DE VIDA CONSAGRADA E AS SOCIEDADES
DE VIDA APOSTÓLICA**

ANO DA VIDA CONSAGRADA

PERSCRUTAI

**AOS CONSAGRADOS E ÀS CONSAGRADAS
A CAMINHO NOS SINAIS DE DEUS**

Paulinas

© 2014 – Libreria Editrice Vaticana

Título original da obra: *Scrutate ai consacrati e alle consacrate in cammino sui segni di Dio*

Direção-geral: *Bernadete Boff*
Editora responsável: *Maria Goretti de Oliveira*
Tradução: *Jaime A. Clasen*

1ª edição – 2014
1ª reimpressão –2015

Nenhuma parte desta obra poderá ser reproduzida ou transmitida por qualquer forma e/ou quaisquer meios (eletrônico ou mecânico, incluindo fotocópia e gravação) ou arquivada em qualquer sistema ou banco de dados sem permissão escrita da Editora. Direitos reservados.

Paulinas
Rua Dona Inácia Uchoa, 62
04110-020 – São Paulo – SP (Brasil)
Tel.: (11) 2125-3500
http://www.paulinas.org.br – editora@paulinas.com.br
Telemarketing e SAC: 0800-7010081
© Pia Sociedade Filhas de São Paulo – São Paulo, 2014

"Sempre a caminho com aquela virtude
que é uma virtude peregrina:
a alegria!"
Papa Francisco

Caríssimos irmãos e irmãs,

1. Continuamos na alegria a caminhada para o Ano da Vida Consagrada a fim de que os nossos passos sejam já tempo de conversão e de graça. Com a palavra e a vida, Papa Francisco continua a indicar a alegria do anúncio e a fecundidade de uma vida vivida na forma do Evangelho, enquanto nos convida a prosseguir, a ser "Igreja em saída",[1] segundo uma lógica de liberdade.

Solicita-nos a deixar para trás "uma Igreja mundana sob vestes espirituais ou pastorais" para respirar "o ar puro do Espírito Santo, que nos liberta de estarmos centrados em nós mesmos, escondidos numa aparência religiosa vazia de Deus. Não deixemos que nos roubem o Evangelho!".[2]

A vida consagrada é sinal dos bens futuros na cidade humana, em êxodo pelas veredas da história. Aceita medir-se com certezas provisórias, com situações novas, com provocações em contínuo processo, com instâncias e paixões gritadas pela humanidade contemporânea. Nessa peregrinação vigilante ela custodia a busca do rosto de Deus, vive o seguimento de Cristo, deixa-se guiar pelo Espírito, para viver o amor pelo Reino com fidelidade criativa e operosidade ativa. A

---

[1] FRANCISCO, Exortação Apostólica *Evangelii gaudium* (24 de novembro de 2013), n. 20-24.
[2] Ibid., n. 97.

identidade de peregrina e orante *in limine historiae* lhe pertence intimamente.

Esta carta deseja transmitir a todos os consagrados e consagradas essa preciosa herança, exortando-os a "permanecer com o coração resoluto, fiéis ao Senhor" (cf. At 11,23-24), e a prosseguir nesse caminho de graça. Queremos ler juntos em síntese os passos dados nos últimos cinquenta anos. Nesta memória, o Concílio Vaticano II emerge como acontecimento de importância absoluta para a renovação da vida consagrada. Ecoa para nós o convite do Senhor: "Parai nos caminhos e olhai, perguntai sobre as veredas de outrora, qual é o caminho do bem, e caminhai nele, assim alcançareis paz para a vossa vida" (Jr 6,16).

Nesta *statio* cada um pode reconhecer tanto as sementes de vida que, plantadas "em coração bom e generoso" (Lc 8,15), fecundaram, como aquelas que tendo caído à beira do caminho, sobre a pedra ou entre os espinhos, não deram fruto (cf. Lc 8,12-14).

Abre-se a possibilidade de prosseguir o caminho com coragem e vigilância para ousar escolhas que honrem o caráter *profético* da nossa identidade, "forma especial de participação na função profética de Cristo, comunicada pelo Espírito a todo o povo de Deus",[3] a fim de que se manifeste hoje "a preeminente grandeza

---

[3] João Paulo II, Exortação Apostólica pós-sinodal *Vita consecrata* (25 de março de 1996), n. 84.

da graça vitoriosa de Cristo e a infinita potência do Espírito Santo que opera na Igreja".[4]

Perscrutar os horizontes da nossa vida e do nosso tempo em vigilante vigília. Perscrutar na noite para reconhecer o fogo que ilumina e guia, perscrutar o céu para reconhecer os sinais anunciadores de bênçãos para a nossa aridez. Vigiar vigilantes e interceder, firmes na fé.

Corre o tempo de dar razão ao Espírito que cria: "Na nossa vida pessoal, na vida privada – recorda o Papa Francisco – o Espírito nos impele a tomar um caminho mais evangélico. Não opor resistência ao Espírito Santo: é esta a graça que desejaria que todos nós pedíssemos ao Senhor: a docilidade ao Espírito Santo, àquele Espírito que vem a nós e nos faz ir adiante no caminho da santidade, aquela santidade tão bela da Igreja. A graça da docilidade ao Espírito Santo".[5]

Esta carta encontra as suas razões na memória da graça copiosa vivida pelos consagrados e pelas consagradas na Igreja, enquanto com franqueza convida a discernir. O Senhor está vivo e atuante na nossa história e nos chama à colaboração e ao discernimento conjunto, para novas épocas de profecia e de serviço da Igreja, com vistas ao Reino que vem.

---

[4] CONCÍLIO ECUMÊNICO VATICANO II, Constituição Dogmática sobre a Igreja *Lumen gentium*, n. 44.
[5] FRANCISCO. *Lo Spirito non si addomestica*. Meditação matutina na capela da *Domus Sanctae Marthae*, Roma (16 de abril de 2013).

Revistamo-nos com as armas da luz, da liberdade, da coragem do Evangelho para perscrutar o horizonte, reconhecer os sinais de Deus e obedecer a eles; com escolhas evangélicas ousadas no estilo do humilde e do pequeno.

EM ÊXODO OBEDIENTE

> Durante toda a viagem,
> quando a nuvem se levantava de cima
> da Habitação, os israelitas punham-se
> em movimento.
> Mas se a nuvem não se levantava,
> também eles não partiam
> até que ela se levantasse.
> Pois, durante o dia, a nuvem do Senhor
> ficava sobre a Habitação
> e durante a noite havia um fogo dentro dela
> visível a toda a casa de Israel,
> durante toda a sua viagem.
> Ex 40,36-38

À escuta

2. A vida de fé não é simplesmente uma posse, mas um caminho que conhece passagens luminosas e túneis escuros, horizontes abertos e veredas tortuosas e incertas. Do misterioso abaixar-se de Deus sobre as nossas vidas e os nossos acontecimentos, segundo as Escrituras, nascem a admiração e a alegria, dom de Deus que enche a vida de sentido e luz e encontra plenitude na salvação messiânica realizada por Cristo.

Antes de focalizar a atenção no acontecimento conciliar e nos seus efeitos, deixemo-nos orientar por um ícone bíblico para ter lembrança viva e grata do *kairós* pós-conciliar, nos valores inspirativos.

A grande epopeia que foi o êxodo do povo eleito da escravidão do Egito para a Terra Prometida se torna ícone sugestivo que lembra o nosso moderno *stop and go*, a parada e a partida, a paciência e o empreendedorismo. Estas décadas foram exatamente um período de altos e baixos, de impulsos e desilusões, de explorações e fechamentos saudosistas.

A tradição interpretativa da vida espiritual, que de várias formas apresenta-se ligada com a da vida consagrada, encontrou muitas vezes no grande paradigma do êxodo do povo de Israel do Egito símbolos e metáforas sugestivas: a sarça ardente, a passagem pelo mar, a caminhada pelo deserto, a teofania no Sinai, o medo da solidão, o dom da lei e da aliança, a coluna de nuvem e de fogo, o maná, a água da rocha, o murmúrio e as nostalgias.

Retomando o símbolo da *nuvem* (em hebraico *'ānān*)[1] que guiava misteriosamente a caminhada do povo: fazia isso ora parando, inclusive por muito tempo e, portanto, suscitando privações e saudades, ora

---

[1] O termo *'ānān* está presente 87 vezes no Antigo Testamento, sendo 20 vezes em Êxodo e outras 20 em Números. Aparece uma só vez a expressão "coluna de fogo e de nuvem" (Ex 14,24); comumente se diz "coluna de nuvem" ou "coluna de fogo". Ambas as expressões descrevem a manifestação da presença divina.

levantando-se e movendo-se e assim indicando o ritmo da marcha, sob a guia de Deus.

Coloquemo-nos à escuta da Palavra: "Durante toda a viagem, quando a nuvem se levantava de cima da Habitação, os israelitas punham-se em movimento. Mas se a nuvem não se levantava, também eles não partiam até que ela se levantasse. Pois, durante o dia, a nuvem do Senhor ficava sobre a Habitação e durante a noite havia um fogo dentro dela visível a toda a casa de Israel, durante toda a sua viagem" (Ex 40,36-38).

Traz algo de interessante e de novo o texto paralelo de Números (cf. Nm 9,15-23), em particular sobre as paradas e as partidas: "Enquanto a nuvem permanecia sobre a Habitação, os filhos de Israel ficavam acampados; mas quando ela se levantava, então partiam" (Nm 9,22).

Fica evidente que este estilo de presença e guia por parte de Deus exigia uma contínua vigilância: seja para responder ao imprevisível movimento da nuvem, seja para guardar a fé na presença protetora de Deus, quando as paradas eram longas e a meta parecia adiada *sine die*.

Na linguagem simbólica do relato bíblico aquela nuvem era o *anjo de Deus*, como afirma o livro do Êxodo (Ex 14,19). E, na interpretação sucessiva, a *nuvem* se torna um símbolo privilegiado da presença, da bondade e da fidelidade ativa de Deus. De fato, as tradições profética, sálmica e sapiencial retomaram frequentemente este símbolo, desenvolvendo também outros aspectos, como, por exemplo, o fato de Deus se esconder por culpa do povo (cf. Lm 3,44) ou a majestade da sede do trono de Deus (cf. 2Cr 6,1; Jó 26,9).

O Novo Testamento retoma, às vezes com linguagem análoga, este *símbolo* nas teofanias: a concepção virginal de Jesus (cf. Lc 1,35), a transfiguração (cf. Mt 17,1-8 e par.), a ascensão de Jesus ao céu (cf. At 1,9). Paulo usa a *nuvem* também como símbolo do Batismo (cf. 1Cor 10,1), e a simbólica da *nuvem* faz sempre parte do imaginário para descrever a volta gloriosa do Senhor no fim dos tempos (cf. Mt 24,30; 26,64; Ap 1,7; 14,14).

Em síntese, a perspectiva dominante, já na simbologia típica do êxodo, é a da nuvem como sinal da mensagem divina, presença ativa do Senhor Deus no meio do seu povo. Israel deve estar sempre pronto a prosseguir a caminhada se a nuvem se puser a caminho, a reconhecer a sua culpa e detestá-la quando o seu horizonte ficar escuro, a ter paciência quando as paradas se prolongarem e a meta parecer inatingível.

Na complexidade das múltiplas passagens bíblicas do símbolo da *nuvem*, acrescentam-se também os valores da inacessibilidade de Deus, da sua soberania que vigia tudo do alto, da sua misericórdia que rasga as nuvens e desce para devolver vida e esperança. Amor e conhecimento de Deus se aprendem apenas num caminho de seguimento, numa disponibilidade livre de medos e nostalgias.

Após séculos do êxodo, quase próximo da vinda do Redentor, o sábio recordará aquela aventurosa epopeia dos israelitas guiados pela nuvem e pelo fogo com uma frase lapidar: "Deste a eles uma coluna de fogo para guiá-los num caminho desconhecido" (Sb 18,3).

Como guiados pela nuvem

3. A nuvem de luz e de fogo que guiava o povo, segundo ritmos que exigiam total obediência e plena vigilância, é eloquente para nós. Podemos divisar, como num espelho, um modelo interpretativo para a vida consagrada do nosso tempo. Por algumas décadas, a vida consagrada, impelida pelo impulso carismático do Concílio, caminhou como se seguisse os sinais da *nuvem* do Senhor.

Aqueles que tiveram a graça de "ver" o início da caminhada conciliar têm no coração o eco das palavras de São João XXIII: *Gaudet Mater Ecclesia*, o *incipit* do discurso de abertura do Concílio (11 de outubro de 1965).[2]

Como sinal da alegria, júbilo profundo do espírito, a vida consagrada foi chamada a continuar, em novidade, a caminhada na história: "No presente estado dos acontecimentos humanos, no qual a humanidade parece entrar numa nova ordem de coisas, hão de se ver antes os misteriosos planos da Divina Providência, que

---

[2] João XXIII, Discurso de abertura do Concílio *Gaudet Mater Ecclesia*, Roma (11 de outubro de 1962).

se realizam em tempos sucessivos através da obra dos homens, e frequentemente além das suas expectativas, e com sabedoria dispõe tudo, inclusive as adversidades humanas, para o bem da Igreja, [...] é necessário que esta doutrina certa e imutável, que deve ser fielmente respeitada, seja aprofundada e exposta de forma a responder às exigências do nosso tempo. Uma coisa é a substância do depósito da fé, isto é, as verdades contidas na nossa doutrina, e outra é a formulação com que são enunciadas, conservando, contudo, o mesmo sentido e o mesmo alcance. Será preciso atribuir muita importância a este método e, se necessário, aplicá-lo com paciência [...]".[3]

São João Paulo II definiu o acontecimento conciliar como "a grande graça que beneficiou a Igreja no século XX: nele se encontra uma bússola segura para nos orientar no caminho".[4] Papa Francisco acentuou que "foi uma obra bonita do Espírito Santo".[5] Podemos afirmar isto também para a vida consagrada: foi uma passagem benéfica de iluminação e discernimento, de trabalhos e grandes alegrias.

A caminhada dos consagrados foi um verdadeiro "caminho exodal".[6] Tempo de entusiasmo e de audácia,

---

[3] Ibid., n. 4, 6.
[4] João Paulo II, Carta Apostólica *Novo Millennio Ineunte* (6 de janeiro de 2001), n. 57.
[5] Francisco, *Lo Spirito non si addomestica*. Meditação matutina na capela da *Domus Sanctae Marthae*, Roma (16 de abril de 2013).
[6] Cf. João Paulo II, Exortação Apostólica pós-sinodal *Vita consecrata* (25 de março de 1996), n. 40.

de inventividade e de fidelidade criativa, mas também de certezas frágeis, de improvisações e desilusões amargas. Com o olhar reflexivo do depois, podemos reconhecer que deveras "havia um fogo dentro da nuvem" (Ex 40,38) e que por vias "desconhecidas" o Espírito de fato conduziu a vida e os projetos dos consagrados e das consagradas pelos caminhos do Reino.

Nos últimos anos o impulso desse caminho parece enfraquecido. A nuvem parece mais envolta de escuridão que de fogo, mas nela habita ainda *o fogo do Espírito*. Embora às vezes possamos caminhar na escuridão e na tibieza, que correm o risco de perturbar os nossos corações (cf. Jo 14,1), a fé desperta a certeza de que dentro da nuvem não faltou a presença do Senhor: ela é "clarão de fogo chamejante durante a noite" (Is 4,5), além da escuridão.

Trata-se de partir sempre de novo na fé "numa viagem desconhecida" (Sb 18,3), como o pai Abraão, que "partiu sem saber aonde ia" (cf. Hb 11,8). É um caminho que exige uma obediência e uma confiança radicais, ao qual só a fé permite ter acesso e que na fé é possível renovar e consolidar.[7]

Memória viva do êxodo

4. Não há dúvida de que os consagrados e as consagradas no final da Assembleia Conciliar tinham

---

[7] Cf. BENTO XVI, *Audiência*, Roma (23 de janeiro de 2013).

acolhido com ampla adesão e fervor sincero as deliberações dos padres conciliares. Percebia-se que estava agindo a graça do Espírito Santo, invocado por São João XXIII para conseguir para a Igreja um *Pentecostes renovado*. Ao mesmo tempo se percebia uma sintonia de pensamento, de aspirações, de agitações *in itinere* há pelo menos uma década.

A constituição apostólica *Provida Mater Ecclesia*, em 1947, reconhecia a consagração que vive os conselhos evangélicos na condição secular. Um "gesto revolucionário na Igreja".[8] O reconhecimento oficial chegou antes que a reflexão teológica delineasse o horizonte específico da consagração secular. Através desse reconhecimento se exprimia de algum modo uma orientação que estaria no coração do Concílio Vaticano II: a simpatia pelo mundo que gera um diálogo novo.[9]

Este Dicastério, em 1950, sob os auspícios de Pio XII, convoca o primeiro Congresso Mundial dos Estados de Perfeição. Os ensinamentos pontifícios abrem o caminho para uma *accommodata renovatio*, expressão que o Concílio faz sua no decreto *Perfectae caritatis*. Àquele Congresso seguiram-se outros, em vários contextos e sobre vários temas, tornando possível nos anos 1950 e no início da década seguinte uma nova reflexão teológica e espiritual. Nesse campo bem preparado, a

---

[8] Cf. FRANCISCO, *Audiência* aos participantes no encontro promovido pela Conferência Italiana dos Institutos Seculares, Roma (10 de maio de 2014).

[9] Cf. PAULO VI, *Alocução* por ocasião da última sessão pública do Concílio Ecumênico Vaticano II, Roma (7 de dezembro de 1965).

Assembleia Conciliar espalhou com profusão a boa semente da doutrina e a riqueza de orientações concretas que ainda hoje vivemos como preciosa herança.

Após cinquenta anos da promulgação da Constituição dogmática *Lumen gentium* do Concílio Vaticano II, que ocorreu em 21 de novembro de 1964, uma memória de alto valor teológico e eclesial permanece: "A Igreja toda aparece como 'o povo unido na unidade do Pai, do Filho e do Espírito Santo'".[10] É reconhecida a centralidade do povo de Deus a caminho entre os povos, redimido pelo sangue de Cristo (cf. At 20,28), cheio do Espírito de verdade e de santidade e "enviado a toda parte como luz do mundo e sal da terra" (cf. Mt 5,13-16).[11]

Delineia-se assim uma identidade firmemente estabelecida sobre Cristo e o seu Espírito, e ao mesmo tempo se propõe uma Igreja voltada a todas as situações culturais, sociais e antropológicas: "Destinada a estender-se a todas as regiões, ela entra na história dos homens, ao mesmo tempo que transcende os tempos e as fronteiras dos povos. Caminhando por meio de tentações e tribulações, a Igreja é confortada pela força da graça de Deus que lhe foi prometida pelo Senhor para que não se afaste da perfeita fidelidade por causa da fraqueza da carne, mas permaneça digna esposa do seu Senhor, e, sob a ação do Espírito Santo, não

---

[10] Concílio Ecumênico Vaticano II, Constituição Dogmática sobre a Igreja *Lumen gentium*, n. 4.
[11] Cf. ibid., n. 9

cesse de se renovar até, pela cruz, chegar à luz que não conhece ocaso".[12]

A *Lumen gentium* dedica todo o capítulo VI aos religiosos.[13] Depois de ter afirmado o princípio teológico da "vocação de todos à santidade",[14] a Igreja reconhece entre as múltiplas vias de santidade o dom da vida consagrada, recebido do seu Senhor e guardado em todo o tempo com a sua graça.[15] A raiz batismal da consagração, seguindo o ensinamento de Paulo VI, é evidenciada com alegria, enquanto se indica o estilo de vida vivido no *seguimento de Cristo* como permanente e eficaz representação da forma de existência que o Filho de Deus abraçou na sua existência terrena. A vida consagrada, enfim, é indicada como *sinal* para o Povo de Deus no cumprimento da comum vocação cristã e manifestação da graça do Senhor Ressuscitado e do poder do Espírito Santo que opera maravilhas na Igreja.[16]

Com o passar dos anos, estas afirmações mostraram uma eficácia vigorosa. Uma mudança cujo fruto pode ser hoje saboreado é o senso eclesial aumentado que delineia a identidade e anima a vida e as obras dos consagrados.

---

[12] Ibid.
[13] Cf. ibid., n. 43-47.
[14] Cf. ibid., cap. V.
[15] Cf. ibid., n. 43.
[16] Cf. ibid., n. 44.

Pela primeira vez nos trabalhos de um Concílio ecumênico a vida consagrada foi identificada como parte viva e fecunda da vida de comunhão e de santidade da Igreja, e não como âmbito que precisa de "decretos de reforma".

Intenção igual guiou também o decreto *Perfectae caritatis*, cujo quinquagésimo aniversário de promulgação, ocorrido em 28 de outubro de 1965, nos preparamos para celebrar. Nele ecoa unívoca a radicalidade da chamada: "Dado que a vida religiosa tem por última norma o seguimento de Cristo proposto no Evangelho, deve ser esta a regra suprema de todos os institutos".[17] Parece uma afirmação óbvia e genérica, e de fato ela provocou uma purificação radical das espiritualidades devocionais e das identidades voltadas para a primazia dos serviços eclesiais e sociais, firmes na imitação sacralizada dos propósitos dos fundadores.

Não se pode antepor nada à centralidade do seguimento radical de Cristo.

O magistério conciliar inicia também o reconhecimento da variedade das formas de vida consagrada. Os institutos apostólicos veem reconhecido com clareza, pela primeira vez em nível tão autorizado, o princípio de que a sua ação apostólica pertence à própria natureza da vida consagrada.[18] A vida consagrada leiga apare-

---

[17] CONCÍLIO ECUMÊNICO VATICANO II, Decreto sobre a renovação da vida religiosa *Perfectae caritatis*, n. 2a.
[18] Cf. ibid., n. 8.

ce constituída e reconhecida como "um estado em si completo de profissão dos conselhos evangélicos".[19] Os institutos seculares surgem com a sua especificidade constitutiva da consagração secular.[20] Prepara-se o renascimento da *Ordo Virginum* e da vida eremítica como formas não associadas de vida consagrada.[21]

Os conselhos evangélicos são apresentados com acentos inovadores, como projeto existencial assumido com modalidades próprias e com uma radicalidade particular de imitação de Cristo.[22]

Mais dois temas sobressaem pela linguagem nova com que são apresentados: a vida fraterna em comum e a formação. A vida fraterna encontra plenamente a inspiração bíblica dos Atos dos Apóstolos, que por séculos animou a inspiração ao *cor unum et anima una* (At 4,32). O reconhecimento positivo da variedade dos modelos e dos estilos de vida fraterna constitui hoje um dos êxitos mais significativos do sopro inovador do Concílio. Além disso, apelando para o dom comum do Espírito, o decreto *Perfectae caritatis* leva à superação de classes e categorias, para estabelecer comunidades de

---

[19] Ibid., n. 10.
[20] Cf. ibid., n. 11.
[21] Código de Direito Canônico, promulgado por João Paulo II (22 de janeiro de 1983), cânones 604 e 603.
[22] CONCÍLIO ECUMÊNICO VATICANO II, Decreto sobre a renovação da vida religiosa *Perfectae caritatis*, n. 12-14.

estilo fraterno, com iguais direitos e obrigações, exceto aqueles que provêm da Ordem sacra.[23]

O valor e a necessidade da formação são colocados como fundamento da renovação: "A renovação dos Institutos depende sobretudo da formação dos seus membros".[24] Pela sua essencialidade, este princípio funcionou como um axioma: a partir dele desenvolveu-se um itinerário tenaz e explorador de experiências e discernimento, no qual a vida consagrada investiu intuições, estudos, pesquisa, tempo, meios.

Alegrias e percalços do caminho

5. A partir das solicitações conciliares, a vida consagrada percorreu um longo caminho. Na verdade, o êxodo não levou somente à busca dos horizontes indicados pelo Concílio. Os consagrados e as consagradas se encontram e enfrentam realidades sociais e culturais inéditas: a atenção aos sinais dos tempos e dos lugares, o convite premente da Igreja a realizar o estilo conciliar, a redescoberta e reinterpretação dos carismas de fundação, as rápidas mudanças na sociedade e na cultura. Novos cenários que pedem discernimento novo e unânime, desestabilizando modelos e estilos repetidos no tempo, incapazes de dialogar, como testemunho evangélico, com os novos desafios e as novas oportunidades.

---

[23] Cf. ibid., n. 15.
[24] Ibid., n. 18.

Na constituição *Humanae salutis*, com a qual São João XXIII anunciava a Assembleia Conciliar do Vaticano II, se lê: "Seguindo as recomendações de Cristo Senhor que nos exorta a interpretar *os sinais dos tempos* (Mt 16,3), no meio de tanta treva vislumbramos não poucos indícios que dão sólida esperança de tempos melhores para a Igreja e a humanidade".[25]

A Carta Encíclica *Pacem in terris*, endereçada a todos os homens de boa vontade, introduzia como chave teológica os "sinais dos tempos". Entre eles São João XXIII reconhece: a ascensão econômico-social das classes trabalhadoras; a entrada da mulher na vida pública; a formação de nações independentes;[26] a tutela e a promoção dos direitos e dos deveres nos cidadãos conscientes da sua dignidade;[27] a persuasão de que os conflitos devem encontrar solução através da negociação, sem o recurso às armas.[28] Entre esses *sinais* ele inclui também a *Declaração universal dos direitos do homem* aprovada pelas Nações Unidas.[29]

Os consagrados habitaram e interpretaram estes novos horizontes. Anunciaram e testemunharam *in primis* o Evangelho com a vida, oferecendo ajuda e soli-

---

[25] João XXIII, Constituição Apostólica *Humanae salutis* de convocação do Concílio Ecumênico Vaticano II (25 de dezembro de 1961), n. 4.
[26] João XXIII, Carta Encíclica. *Pacem in terris* sobre a paz entre todos os povos (11 de abril de 1963), n. 24-25.
[27] Cf. ibid., n. 45-46.
[28] Cf. ibid., n. 67.
[29] Cf. ibid., n. 75.

dariedade de todo o tipo, colaborando nas tarefas mais diversas no signo da proximidade cristã, envolvidos no processo histórico em ato. Longe de limitar-se a lamentar a memória de épocas passadas, procuraram vivificar o tecido social e as suas instâncias com a *traditio* eclesial viva, testada nos séculos na crista da história, segundo o *habitus* da fé e da esperança cristã.

A empresa colocada diante da vida consagrada pelo horizonte histórico no final do século XX exigiu audácia e inventividade corajosa. Para isso, essa passagem epocal valeu como dedicação profética, religiosamente motivada: muitos consagrados viveram com comprometimento sério e, frequentemente, também com grave risco pessoal à nova consciência evangélica de ter de ficar do lado dos pobres e dos últimos, compartilhando valores e angústias.[30]

A vida consagrada abre-se à renovação não porque segue iniciativas autônomas, nem por mero desejo de novidade, e muito menos por retirada redutiva para as urgências sociológicas. Principalmente, porém, por obediência responsável tanto ao Espírito criador, que "fala pelos profetas" (cf. Credo Apostólico),[31] como às

---

[30] João Paulo II, Carta Apostólica aos religiosos e religiosas da América Latina por ocasião do V centenário da evangelização do Novo Mundo *Los caminos del Evengelio* (29 de junho de 1990); Exortação Apostólica pós-sinodal *Vita consecrata* (25 de março de 1996), n. 82, 86, 89-90.

[31] O primeiro uso oficial do vocábulo "profético" por parte do magistério ocorre no documento: Sagrada Congregação para os Religiosos e os Institutos Seculares, *Religiosos e promoção humana* (em latim: *Optiones evangelicae*) (12 de agosto de 1980), introdução e n. 2, 4, 24, 27, 33. Em *Vita*

solicitações do Magistério da Igreja, expressas com força nas grandes encíclicas sociais: *Pacem in terris* (1963), *Populorum progressio* (1967), *Octogesima adveniens* (1971), *Laborem exercens* (1981), *Caritas in veritate* (2009). Tratou-se – para relembrar o ícone da *nuvem* – de uma fidelidade à vontade divina, manifestada através da voz autorizada da Igreja.

A visão do carisma como originado pelo Espírito, orientado pela conformação a Cristo, marcado pelo perfil eclesial comunitário, em desenvolvimento dinâmico na Igreja, motivou toda decisão de renovação e deu progressivamente forma a uma verdadeira *teologia do carisma*, aplicada pela primeira vez de modo claro na vida consagrada.[32] O Concílio não relacionou explicitamente este termo à vida consagrada, mas abriu caminho para isso fazendo referência a alguns testemunhos paulinos.[33]

Na exortação apostólica *Evangelica testificatio*, Paulo VI adota oficialmente esta nova terminologia,[34] e

---

consecrata, além dos dois parágrafos específicos (84-85), a terminologia ocorre umas trinta vezes, uma centena se forem contadas as expressões análogas.

[32] Cf. SAGRADA CONGREGAÇÃO PARA OS RELIGIOSOS E OS INSTITUTOS SECULARES; SAGRADA CONGREGAÇÃO PARA OS BISPOS, Critérios diretivos para as relações mútuas entre bispos e religiosos na Igreja *Mutuae Relationes* (14 de maio de 1978), n. 12, 19, 51.

[33] Cf., por exemplo, CONCÍLIO VATICANO II, Decreto sobre a renovação da vida religiosa *Perfectae caritatis*, n. 1, 2, 7, 8, 14, 15; Decreto sobre a atividade missionária da Igreja *Ad gentes*, n. 23.

[34] PAULO VI, Exortação Apostólica *Evangelica testificatio* (29 de junho de 1971), n. 11, 12, 32.

escreve: "Desta forma, insiste o Concílio e justamente, na obrigação dos religiosos e das religiosas, de serem fiéis ao espírito dos seus fundadores, às suas intenções evangélicas e ao exemplo da sua santidade, vendo nisso precisamente um dos princípios da renovação em curso e um dos critérios mais seguros daquilo que cada instituto deveria empreender".[35]

Esta Congregação, testemunha dessa caminhada, acompanhou as várias fases de uma nova redação das *Constituições* dos Institutos. Foi um processo que alterou equilíbrios de longa data, mudou práticas obsoletas da tradição,[36] enquanto releu com novas hermenêuticas os patrimônios espirituais e experimentou novas estruturas, até delinear de novo programas e presenças. Nessa *renovação*, ao mesmo tempo fiel e criativa, não podem ser caladas algumas dialéticas de confronto e de tensão e inclusive dolorosas deserções.

A Igreja não parou o processo, mas o acompanhou com um magistério pontual e uma sábia vigilância, declinando, no primado da vida espiritual, sete temas principais: carisma fundacional, vida no Espírito alimentada pela Palavra (*lectio divina*), vida fraterna em comunhão, formação inicial e permanente, novas formas de apostolado, autoridade de governo e atenção

---

[35] PAULO VI, Exortação Apostólica *Evangelica testificatio* (29 de junho de 1971), n. 11.
[36] Cf. CONCÍLIO ECUMÊNICO VATICANO II, Decreto sobre a renovação da vida religiosa *Perfectae caritatis*, n. 3.

às culturas. A vida consagrada nos últimos cinquenta anos foi medida por tais instâncias e caminhou nelas.

A referência à "letra" do Concílio permite "encontrar o seu verdadeiro espírito" para evitar interpretações erradas.[37] Somos chamados a juntos fazermos a memória de um acontecimento vivo no qual nós, como Igreja, reconhecemos a nossa identidade mais profunda. Paulo VI, no encerramento do Concílio Vaticano II, afirmava com mente e coração agradecidos: "A Igreja entrou em si mesma, penetrou no íntimo da sua consciência espiritual [...] para encontrar em si a palavra de Cristo, viva e operante no Espírito Santo, e para sondar mais profundamente o mistério, ou seja, o desígnio e a presença de Deus fora e dentro de si, e para reavivar em si o fogo da fé, que é o segredo da sua segurança e da sua sabedoria, e reavivar o fogo do amor, que a obriga a cantar sem descanso os louvores de Deus, porque, como diz Santo Agostinho: 'Cantar é próprio do amante' (*Serm*. 336: PL 38, 1472). Os documentos conciliares, principalmente os que tratam da Revelação divina, da liturgia, da Igreja, dos sacerdotes, dos religiosos, dos leigos, permitem ver diretamente esta primordial intenção religiosa e demonstram quão límpida, fresca e rica é a veia espiritual que o vivo contato com Deus

---

[37] Cf. BENTO XVI, *Homilia*, Santa missa para a abertura do Ano da Fé, Roma (11 de outubro de 2012).

vivo faz brotar no seio da Igreja e correr sobre as áridas glebas da nossa terra".[38]

A mesma lealdade para com o Concílio como acontecimento eclesial e como paradigma de estilo exige agora que se saiba projetar com confiança para o futuro. Vive em nós a certeza de que Deus sempre se põe a guiar o nosso caminho?

Na riqueza das palavras e dos gestos, a Igreja orienta-nos a ler a nossa vida pessoal e comunitária no contexto todo do plano de salvação para entender para qual direção orientar-nos, qual futuro prefigurar, em continuidade com os passos dados até hoje nos convida a uma redescoberta da unidade de *confessio laudis, fidei et vitae*.

A *memoria fidei* oferece-nos raízes de continuidade e perseverança: uma identidade forte para reconhecer-nos parte de uma vicissitude, de uma história. A releitura na fé do caminho percorrido não se detém nos grandes eventos, mas ajuda-nos a reler a história pessoal, dividindo-a em etapas eficazes.

---

[38] PAULO VI, *Alocução* por ocasião da última sessão pública do Concílio Ecumênico Vaticano II, Roma (7 de dezembro de 1965).

EM VIGÍLIA VIGILANTE

> Elias subiu até o cume do Carmelo
> e se curvou até o chão,
> pondo o rosto entre os joelhos...
> "Enxergo uma pequena nuvem,
> do tamanho da palma da mão.
> Vem subindo do mar."
> 1Rs 18,42.44

À escuta

6. Procuremos mais luz na simbologia bíblica, pedindo inspiração para o caminho de profecia e de exploração dos novos horizontes da vida consagrada, que queremos agora considerar nesta segunda parte. A vida consagrada, de fato, por sua natureza, é intrinsecamente chamada a um serviço testemunhal que a coloca como *signum in Ecclesia*.[1]

Trata-se de uma função que pertence a cada cristão, mas na vida consagrada caracteriza-se pela radicalidade da *sequela Christi* [seguimento de Cristo] e do primado de Deus e, ao mesmo tempo, pela capacidade de viver a missão evangelizadora da Igreja com

---

[1] Concílio Ecumênico Vaticano II, Constituição Dogmática sobre a Igreja *Lumen gentium*, n. 44.

parresia e criatividade. Justamente São João Paulo II acentuou que: "O testemunho profético [...] exprime-se também com a denúncia de tudo o que é contrário à vontade divina e com a exploração de novas maneiras de pôr o Evangelho em prática na história, com vistas ao Reino de Deus".[2]

Na tradição patrística o modelo bíblico de referência para a vida monástica é o profeta Elias: tanto pela sua vida de solidão e de ascese como pela paixão pela aliança e pela fidelidade à lei do Senhor, como pela audácia em defender os direitos dos pobres (cf. 1Rs 17–19; 21). A exortação apostólica *Vita consecrata* também lembrou isso em apoio da natureza e função profética da vida consagrada.[3] Na tradição monástica, o *manto* que, simbolicamente, Elias deixou cair sobre Eliseu no momento de seu arrebatamento ao céu (cf. 2Rs 2,13), é interpretado como passagem do espírito profético do pai para o discípulo e também como símbolo da vida consagrada na Igreja, que vive de memória e profecia, sempre novas.

Elias, o tesbita, aparece de improviso no cenário do reino do Norte, com a ameaça peremptória: "Nestes anos não cairá nem orvalho nem chuva, a não ser quando eu mandar" (1Rs 17,1). Manifesta assim uma rebelião da consciência religiosa diante da decadência moral à qual o povo é conduzido pela prepotência da rainha Jezabel e pela indolência do rei Acab. A senten-

---

[2] João Paulo II, Exortação Apostólica pós-sinodal *Vita consecrata* (25 de março de 1996), n. 84.
[3] Ibid.

ça profética que fecha à força o céu é desafio aberto à função especial de Baal e da fileira dos *baalim*, aos quais eram atribuídas fecundidade e fertilidade, chuva e bem-estar. Daqui, como em grandes arcos, se estende a ação de Elias em episódios que, mais que narrar uma história, apresentam momentos dramáticos e de grande força inspiradora (cf. 1Rs 17–19.21; 2Rs 1–2).

Em cada passagem Elias vive progressivamente o seu serviço profético, conhecendo purificações e iluminações que caracterizam o seu perfil bíblico, até o auge do encontro com a passagem de Deus na brisa suave e amena do Horeb. Estas experiências são inspiradoras também para a vida consagrada. Também esta deve sair do refúgio solitário e penitente no *wadi* do Carit (cf. 1Rs 17,2-7) e ir ao encontro solidário com os pobres que lutam pela vida, como a viúva de Sarepta (cf. 1Rs 17,8-24); aprender da audácia genial representada pelo desafio do sacrifício no Carmelo (cf. 1Rs 18,20-39) e pela intercessão pelo povo entorpecido pela seca e pela cultura de morte (cf. 1Rs 18,41-46), até defender os direitos dos pobres pisoteados pelos prepotentes (cf. 1Rs 21) e prevenir contra as formas idolátricas que profanam o santo nome de Deus (cf. 2Rs 1).

Página dramática é em particular a depressão mortal de Elias no deserto de Bersabeia (1Rs 19,1-8): mas ali, Deus, oferecendo pão e água da vida, sabe transformar com delicadeza a fuga em peregrinação para o monte Horeb (1Rs 19,9). É exemplo para as nossas noites escuras que, como para Elias, precedem o esplendor da teofania da brisa suave (1Rs 19,9-18) e preparam para novos tempos de fidelidade, que se tornam histórias de chamamentos novos (como para Eliseu: 1Rs 19,19-21), mas também infundem audácia para intervir contra a justiça ímpia (cf. o assassinato do camponês Nabot: 1Rs 21,17-29). Enfim, nos comove a saudação afetuosa às comunidades dos filhos dos profetas (2Rs 2,1-7) que prepara para a saída final, no outro lado do Jordão, para o céu no carro de fogo (2Rs 2,8-13).

Poderemos sentir-nos atraídos pelas façanhas clamorosas de Elias, pelos seus protestos furiosos, pelas suas acusações diretas e audazes, até a contenda com Deus no Horeb, quando Elias chega a acusar o povo de ter apenas projetos destrutivos e ameaçadores. Mas pensemos que neste momento histórico podem falar mais a nós alguns elementos menores, que são como pequenos *sinais*, mas inspiram os nossos passos e as nossas escolhas de maneira nova nesta idade contemporânea onde os rastos de Deus parecem desaparecer numa desertificação do sentido religioso.[4]

O texto bíblico oferece numerosos símbolos "menores". Podemos acená-los: os *recursos escassos* de vida no córrego de Carit, com aqueles corvos que obedecem a Deus levando pão e carne ao profeta em gesto de misericórdia e solidariedade. A *generosidade*, com risco da própria vida, da viúva de Sarepta, que tem só "um

---

[4] Cf. FRANCISCO, Exortação Apostólica *Evangelii Gaudium* (24 de novembro de 2013), n. 86.

punhado de farinha e um pouco de óleo" (1Rs 17,12) e os dá ao profeta faminto. A *impotência* de Elias diante do menino morto, e a sua dúvida gritada unida ao seu abraço desesperado, que a viúva interpreta de modo teológico, como revelação do rosto de um Deus compassivo. A longa luta do profeta prostrado na intercessão – depois do clamoroso e um pouco teatral choque com os sacerdotes de Baal sobre o Carmelo – implorando chuva sobre o povo esgotado pela condenação à seca. Num jogo de equipe entre Elias, o rapaz que sobe e desce do cume do monte e Deus, que é o verdadeiro senhor da chuva (e não Baal), chega enfim a resposta de uma *pequena nuvem*, do tamanho da palma da mão (cf. 1Rs 18,41). Uma resposta minúscula de Deus que, no entanto, logo se torna uma grande chuva, restauradora para um povo agora no limite.

Resposta igualmente pobre, mas eficaz, serão alguns dias depois aquele *pão* e aquele *jarro* de água que aparecem ao lado do profeta em depressão mortal no deserto: é recurso que dá força para caminhar "quarenta dias e quarenta noites até o monte de Deus, o Horeb" (1Rs 19,8). E lá, na caverna em que Elias se abriga, e ainda freme de revolta contra o povo destruidor e sacrílego que ameaça a sua vida, assistirá à destruição do seu imaginário de ameaça e de poder: *o Senhor não estava...* no vento impetuoso, no terremoto, no fogo, mas numa "voz de silêncio sutil" (1Rs 19,12).[5]

---

[5] Em hebraico, *qôl demamáh daqqáh*: a tradução não é fácil nem unânime pelo significado múltiplo de cada palavra. *Qôl* significa voz, som, vento,

Uma página sublime para a literatura mística, uma queda vertical na realidade para todo o "furor sagrado" do profeta: deve reconhecer a presença de Deus além de todo imaginário tradicional, que o aprisionava. Deus é sussurro e brisa, não é produto da nossa necessidade de segurança e de sucesso, "não deixa rasto visível das suas pegadas" (cf. Sl 77,20), mas está presente de maneira verdadeira e eficaz.

Com o seu furor e as suas emoções Elias estava para arruinar tudo, iludindo-se de ser o único que permaneceu fiel. Mas Deus sabia que havia outras sete mil testemunhas, havia profetas e reis prontos a obedecer a ele (1Rs 19,15-19), porque a história de Deus não se identificava com o fracasso do profeta deprimido e impetuoso. A história continua, porque está nas mãos de Deus, e Elias deve ver com olhos novos a realidade, deixar-se regenerar em esperança e confiança em Deus mesmo. Aquela posição curvada lá no monte para implorar a chuva, que se assemelha muito à criança nascitura no ventre da mãe, é retomada simbolicamente também no Horeb com o esconder-se na caverna, e agora é completada com um novo nascimento do profeta, para caminhar ereto e regenerado nos caminhos misteriosos do Deus vivo.

---

sussurro, murmúrio, brisa; *demamáh* significa silêncio, vazio de morte, suspensão, sem hálito; *daqqáh* significa leve, ligeiro, tênue, fino, sutil, tranquilo. Os *Setenta* traduzem em grego: *phonè aúras leptês*; Jerônimo em latim: *sìbilus aurae tenuis*.

Aos pés do monte o povo lutava ainda contra uma vida que não era mais vida, uma religiosidade que era profanação da aliança e nova idolatria. O profeta deve tomar sobre si aquela luta e aquele desespero, deve "voltar sobre seus passos" (1Rs 19,15), que agora são os de Deus, atravessar de novo o deserto, que agora floresce com sentido novo, a fim de que a vida triunfe e novos profetas e chefes prestem fidelidade à aliança.

A profecia da vida conforme o Evangelho

7. O tempo de graça que estamos vivendo com a insistência do Papa Francisco de colocar no centro o Evangelho e o essencial cristão é para os consagrados e as consagradas um novo chamado à vigilância para estar prontos para os sinais de Deus. "A nossa fé é desafiada a entrever o vinho em que a água pode ser transformada."[6] Lutemos contra os olhos pesados de sono (cf. Lc 9,32), para não perder a capacidade de discernir os *movimentos da nuvem*, que guia o nosso caminho (cf. Nm 9,17), e reconhecer nos *sinais pequenos* e frágeis a presença do Senhor da vida e da esperança.

O Concílio nos deu um método, o método da reflexão que se faz sobre o mundo e os acontecimentos humanos, sobre a Igreja e a existência cristã, a partir da Palavra de Deus, Deus que se revela e está presente na história. Esse método é sustentado por uma aptidão:

---

[6] FRANCISCO, Exortação Apostólica *Evangelii gaudium* (24 de novembro de 2013), n. 84.

a escuta, que se abre ao diálogo, enriquece o caminho para a verdade, voltar à *centralidade de Cristo e da Palavra de Deus*, como o Concílio[7] e o sucessivo Magistério nos convidaram insistentemente a fazer,[8] de modo bíblico e teologicamente fundamentado, o que pode ser garantia de autenticidade e de qualidade para o futuro da nossa vida de consagrados e consagradas.

Uma escuta que transforma e nos faz tornar anunciadores e testemunhas das intenções de Deus na história e da sua ação eficaz para a salvação. Nas necessidades de hoje voltemos ao Evangelho, saciemos a sede nas Sagradas Escrituras, nas quais se encontra a "fonte pura e perene da vida espiritual".[9] De fato, como bem dizia São João Paulo II: "Não há dúvida que este primado da santidade e da oração só é concebível a partir duma renovada escuta da Palavra de Deus".[10]

---

[7] Cf. Concílio Ecumênico Vaticano II, Decreto sobre a renovação da vida religiosa *Perfectae caritatis*, n. 5; Constituição Dogmática sobre a divina revelação *Dei Verbum*, n. 21, 25.

[8] Cf. João Paulo II, Exortação Apostólica pós-sinodal *Vita consecrata* (25 de março de 1996), n. 84; Carta Apostólica *Novo millennio ineunte* (6 de janeiro de 2001), II. "Um rosto a contemplar" (n. 16-28), III. "Partir de Cristo" (n. 29-41); Bento XVI, Carta Encíclica *Deus caritas est* (25 de dezembro de 2005), n. 12-18; Congregação para os Institutos de Vida Consagrada e as Sociedades de Vida Apostólica, Instrução *Partir de Cristo. Um renovado compromisso da vida consagrada no terceiro milênio* (19 de maio de 2002).

[9] Cf. Concílio Ecumênico Vaticano II, Constituição Dogmática sobre a divina revelação *Dei Verbum*, n. 21.

[10] João Paulo II, Carta Apostólica *Novo millennio ineunte* (6 de janeiro de 2001), n. 39.

Evangelho, regra suprema

8. Uma das características da renovação conciliar para a vida consagrada foi a volta radical à *sequela Christi*: "Desde os princípios da Igreja, houve homens e mulheres que, pela prática dos conselhos evangélicos, procuraram seguir Cristo com maior liberdade e imitá-lo mais de perto, consagrando, cada um a seu modo, a própria vida a Deus".[11]

Seguir Cristo, como é proposto no Evangelho, é a "norma última da vida religiosa" e "a regra suprema"[12] de todos os Institutos. Um dos primeiros nomes com que foi designada a vida monástica é "vida evangélica".

As diversas expressões de vida consagrada dão testemunho de tal inspiração evangélica, a começar por Antão, iniciador da vida solitária no deserto. A sua história inicia pela escuta da Palavra de Cristo: "Se queres ser perfeito, vai, vende tudo o que tens, dá aos pobres e terás um tesouro no céu; depois vem e segue-me" (Mt 19,21).

De Antão em diante a tradição monástica fará da Escritura a regra da sua vida: as primeiras regras são simples normas práticas, sem nenhuma pretensão de conteúdos espirituais, porque a única regra do monge é a Escritura, nenhuma outra regra é admissível: "Tenhamos cuidado de ler e aprender as Escrituras

---

[11] Cf. Concílio Ecumênico Vaticano II, Decreto sobre a renovação da vida religiosa *Perfectae caritatis*, n. 1.
[12] Ibid. n. 2.

– escreve Orsiesi, discípulo e sucessor de Pacômio – e de consagrar-nos incessantemente à sua meditação [...]. São as Escrituras que nos guiam para a vida eterna".[13]

Basílio, o grande mestre do monarquismo do Oriente, quando redige o *Asceticon*,[14] destinado a se tornar o manual da vida monástica, recusa-se a chamá-lo de *Regra*. O seu ponto de referência são antes os *Moralia*,[15] coletânea de textos bíblicos comentados e aplicados às situações da vida em *santa koinonia*. No sistema basiliano o comportamento dos monges é definido através da Palavra de Deus, o Deus que perscruta coração e rins (cf. Ap 2,23), sempre presente. Esta constante presença diante do Senhor, *memoria Dei*, é, talvez, o elemento mais específico da espiritualidade basiliana.

No Ocidente, o caminho vai na mesma direção. A regra de Bento é obediente à Palavra de Deus: "Escutemos a voz de Deus que cada dia se dirige a nós...".[16] *Ouve, ó filho*:[17] é a *ouverture da Regula Benedicti*, porque é ouvindo que nos tornamos filhos e discípulos, acolhendo a Palavra nós mesmos nos tornamos Palavra.

No século XII, Estêvão de Muret, fundador da Ordem de Grandmont, exprime de maneira eficaz esse

---

[13] Cf. *Pacomio e i suoi discepoli. Regole e Scritti*, L. Cremaschi (org.), Magnano, 1988, p. 409.
[14] Basílio, *Moralia* (PG, 31, 692-869); *Regulae fusius tractatae* (PG, 31, 889-1052).
[15] Basílio, *In Regulas Brevius tractatae* (PG, 31, 1052-1305).
[16] Bento, *Regra, Prólogo*, 9.
[17] Ibid., 1.

enraizamento no Evangelho: "Se alguém vos perguntar de que profissão ou de que regra ou de que ordem sois, respondei que sois da regra primeira e principal da religião cristã, quer dizer, do Evangelho, fonte e princípio de todas as regras, não há outra regra além do Evangelho".[18]

O surgimento das ordens mendicantes torna, se possível, o movimento de volta ao Evangelho ainda mais incisivo.

Domingos, "onde quer que se manifestasse como homem evangélico, tanto nas palavras como nas obras";[19] era um Evangelho vivo, capaz de anunciar o que vivia, e queria que fossem "homens evangélicos"[20] também os seus pregadores. Para Francisco de Assis a regra é "a vida do Evangelho de Jesus Cristo";[21] para Clara de Assis: "A forma de vida da ordem das irmãs pobres [...] é esta: 'observar o santo Evangelho do Se-

---

[18] *Regole monastiche d'Occidente*, Magnano 1989, p. 216-217.

[19] *Libellus* 104, in P. Lippini, *San Domenico visto dai suoi contemporanei*, Edizioni Studio Domenicano, Bologna, 1982, p. 110.

[20] *Primeiras constituições ou "Consuetudines"*, n. 31. Por isso "frequentemente, tanto oralmente como por escrito, admoestava e exortava os frades da ordem a estudar continuamente o Novo e o Antigo Testamento. [...] Ele levava sempre consigo o Evangelho de Mateus e as epístolas de Paulo e as estudava tanto que as sabia quase de cor" (Depoimento de Frei João de Espanha, in *Domenico di Gusmán. Il carisma della predicazione*, introduzione di P. Lippini, EDB, Padova 1993, p. 143).

[21] *Regra não bulada, Título*: FF 2,2. A *Regra bulada* inicia com o mesmo teor: "A Regra e a vida dos frades menores é esta: observar o Santo Evangelho do nosso Senhor Jesus Cristo..." (I, 2: FF 75).

nhor nosso Jesus Cristo'".[22] Na regra dos carmelitas, o preceito fundamental é o de "meditar dia e noite a Lei do Senhor", para traduzir isso na ação concreta: "Tudo o que deveis fazer, fazei-o na Palavra do Senhor".[23] Tal fundamento, comum a tantas famílias religiosas, permanece imutável com o passar dos séculos.

Nos nossos tempos, Tiago Alberione afirma que a Família Paulina "aspira a viver integralmente o Evangelho de Jesus Cristo",[24] enquanto a pequena Irmã Magdeleine afirma: "Nós devemos construir uma coisa nova. Uma coisa nova que é antiga, que é o autêntico cristianismo dos primeiros discípulos de Jesus. É necessário que recuperemos o Evangelho palavra por palavra".[25] Todo carisma de vida consagrada tem raízes no Evangelho. Evidente e significativa é a paixão pela Palavra bíblica em muitas das novas comunidades que florescem hoje em toda a Igreja.

Voltar ao Evangelho soa hoje para nós como *provocação*, que nos reconduz à fonte de toda a vida radicada em Cristo. Um convite poderoso a fazer, uma caminhada para a origem, o lugar no qual a nossa vida

---

[22] *Regra*I,1-2: FF 2750.
[23] *Regra do Carmelo*, c. 10 e 19. Cf. B. SECONDIN, *Una fraternità orante e profetica in un mondo che cambia. Rileggere la Regola del Carmelo oggi*, Perugia, 2007, p. 8 e 11.
[24] G. ALBERIONE, *"Abundantes divitiae gratiae suae". Storia carismatica della Famiglia Paolina*, Roma, 1977, n. 93.
[25] PICCOLA SORELLA MAGDELEINE, *Il padrone dell'impossibile*, Casale Monferrato, 1994, p. 201.

toma forma, onde toda regra e norma encontram inteligência e valor.

O Santo Padre exortou muitas vezes a fiar-nos e confiar-nos a esta dinâmica de vitalidade: "Convido-vos a nunca duvidar do dinamismo do Evangelho nem da sua capacidade de converter os corações para Cristo ressuscitado, e de conduzir as pessoas ao longo do caminho da salvação que esperam no mais profundo de si mesmas".[26]

Formação: Evangelho e cultura

9. Formar para o Evangelho e às exigências é um imperativo. Nessa perspectiva, somos convidados a realizar uma revisão específica do paradigma formativo que acompanha os consagrados e especialmente as consagradas no caminho da vida. A formação espiritual, muito frequentemente limitada quase a simples acompanhamentos psicológicos ou a exercícios de piedade padronizados, tem caráter de urgência.

A pobreza repetitiva de conteúdos vagos bloqueia os candidatos em níveis de amadurecimento humano infantil e dependente. A rica variedade das vias seguidas e propostas pelos autores espirituais permanece quase desconhecida para leitura direta, ou é referida apenas por fragmentos. É indispensável vigiar a fim de que o patrimônio dos Institutos não seja reduzido a esquemas

---

[26] FRANCISCO, *Discurso* aos Bispos da Conferência episcopal de Madagáscar em visita *ad limina apostolorum*, Roma (28 de março de 2014).

apressados, distante da carga vital das origens, porque não introduz adequadamente na experiência cristã e carismática.

Num mundo em que a secularização se tornou cegueira seletiva em relação ao sobrenatural e os homens perderam os vestígios de Deus,[27] somos convidados à redescoberta e ao estudo das verdades fundamentais da fé.[28] Quem presta o serviço da autoridade é chamado a favorecer para todos os consagrados e as consagradas um conhecimento fundado e coerente da fé cristã, sustentado por um novo amor ao estudo. São João Paulo II exortava: "No seio da vida consagrada há necessidade de um *renovado amor pelo empenho cultural*, de dedicação ao estudo".[29] É motivo de profundo pesar que tal imperativo não seja sempre acolhido e ainda menos recebido como exigência de reforma radical para os consagrados e, em particular, para as mulheres consagradas.

---

[27] Cf. João Paulo II, Exortação Apostólica pós-sinodal *Vita consecrata* (25 de março de 1996), n. 85.

[28] Para isso pode ser útil também ler e assimilar o *Catecismo da Igreja Católica*, que apresenta uma síntese sistemática e orgânica, na qual emerge a riqueza de ensinamento que a Igreja acolheu, custodiou e ofereceu. "Desde a Sagrada Escritura aos Padres da Igreja, desde os Mestres de teologia aos Santos que atravessaram os séculos, o *Catecismo* oferece uma memória permanente dos inúmeros modos em que a Igreja meditou sobre a fé e progrediu na doutrina para dar certeza aos crentes na sua vida de fé". Bento XVI, Carta Apostólica sob forma de *motu proprio Porta fidei*, com a qual se proclama o Ano da Fé (11 de outubro de 2011), n. 11.

[29] João Paulo II, Exortação Apostólica pós-sinodal *Vita consecrata* (25 de março de 1996), n. 98.

A debilidade e a fragilidade de que sofre este âmbito exigem que se reforce e relembre a necessidade da formação contínua para uma vida autêntica no Espírito e para manter-se abertos mentalmente e coerentes no caminho de crescimento e de fidelidade.[30] Certamente não falta, em linha de princípio, uma adesão formal a tal urgência e se revela um vasto consenso na pesquisa científica sobre o tema, mas na verdade a praxe seguida é frágil, escassa e, frequentemente, incoerente, confusa, descomprometida.

"Testemunha do Evangelho – recorda o Papa Francisco – é alguém que encontrou Jesus Cristo, que o conheceu, ou melhor, que se sentiu *por ele conhecido*, reconhecido, respeitado, amado e perdoado; e este encontro sensibilizou-o em profundidade, enchendo-o de uma alegria nova, de um significado renovado para a sua vida. E isto transparece, comunica-se, transmite-se aos outros."[31]

A Palavra, fonte genuína de espiritualidade[32] pela qual atingir a *sublimidade do conhecimento de Cristo Jesus* (Fl 3,8), deve habitar o dia a dia da nossa vida. Só assim o seu *poder* (cf. 1Ts 1,5) poderá penetrar nas fragilidades do humano, fermentar e edificar os lugares

---

[30] Cf. ibid., n. 71.
[31] Francisco, *Discurso* ao Movimento Apostólico de Cegos (MAC) e à Pequena Missão para os Surdos-mudos, Roma (29 de março de 2014).
[32] Cf. Concílio Ecumênico Vaticano II, Constituição Dogmática sobre a divina revelação *Dei Verbum*, n. 25; João Paulo II, Exortação Apostólica pós-sinodal *Vita consecrata* (25 de março de 1996), n. 94; Bento XVI, Exortação Apostólica pós-sinodal *Verbum Domini* (30 de setembro de 2010), n. 86.

da vida em comum, retificar os pensamentos, os afetos, as decisões, os diálogos feitos nos espaços fraternos. Seguindo o exemplo de Maria, a escuta da Palavra deve tornar-se respiração de vida a cada instante da existência.[33] Deste modo a nossa vida converge na unidade de pensamento, reaviva-se na inspiração por uma renovação constante, frutifica na criatividade apostólica.[34]

O apóstolo Paulo pedia ao discípulo Timóteo para *buscar a fé* (cf. 2Tm 2,22) com a mesma constância de quando era menino (cf. 2Tm 3,15), em primeiro lugar permanecendo firme naquilo que tinha aprendido, ou seja, nas Sagradas Escrituras: "Toda Escritura é inspirada por Deus e útil para ensinar, para repreender, para corrigir, para educar na justiça, a fim de que o homem de Deus seja perfeito e capacitado para toda obra boa" (2Tm 3,16-17). Ouçamos este convite como dirigido a nós, para que ninguém se torne negligente na fé (cf. Hb 6,12). Ela é companheira de vida que permite perceber com olhar sempre novo as maravilhas que Deus realiza por nós e orienta-nos para uma resposta obediente e responsável.[35]

O Evangelho, a norma ideal da Igreja e da vida consagrada, deve representar a sua normalidade na prática, o seu estilo e o seu modo de ser. Este é o desafio

---

[33] Bento XVI, Exortação Apostólica pós-sinodal *Verbum Domini* (30 de setembro de 2010), n. 27.

[34] Congregação para os Institutos de Vida Consagrada e as Sociedades de Vida Apostólica, Instrução *Partir de Cristo. Um renovado compromisso da vida consagrada no terceiro milênio* (19 de maio de 2002), n. 22.

[35] Bento XVI, Carta Apostólica sob forma de *motu proprio Porta fidei*, com a qual se proclama o Ano da Fé (11 de outubro de 2011), n. 15.

que o Papa Francisco relança. Convidando a um reequilíbrio eclesiológico entre a Igreja como *corpo hierárquico* e a Igreja como *Corpo de Cristo*, que oferece os elementos para realizar esta operação, que pode acontecer apenas *in corpore vivo* da Igreja, ou seja, dentro de nós e através de nós. Evangelizar não significa levar uma mensagem reconhecida útil pelo mundo, nem presença que se impõe, nem visibilidade que ofende, nem esplendor que ofusca, mas anúncio de "Jesus Cristo esperança em nós" (cf. Cl 1,27-28), feito com "palavras de graça" (Lc 4,22), com uma "conduta boa entre os homens" (1Pd 2,12) e com "a fé que atua por meio do amor" (Gl 5,6).

A profecia da vigilância

10. No encerramento da Assembleia Conciliar, o Papa Paulo VI – com olhar de profeta – despedia-se dos bispos reunidos em Roma unindo tradição e futuro: "Neste encontro universal, neste ponto privilegiado do tempo e do espaço, convergem simultaneamente o passado, o presente e o futuro. O passado, porque está aqui reunida a Igreja de Cristo, com a sua tradição, a sua história, os seus concílios, os seus doutores e os seus santos. O presente, porque saímos de nós próprios para nos dirigirmos ao mundo atual, com as suas misérias, as suas dores, os seus pecados, mas também os seus empreendimentos prodigiosos, os seus valores e as suas virtudes. E, por fim, o futuro encontra-se representado no apelo imperioso dos povos a uma maior justiça, no seu desejo de paz, na sua sede consciente ou inconsciente

duma vida mais alta: precisamente aquela que a Igreja de Cristo lhes pode e deseja dar".[36]

Papa Francisco nos encoraja com paixão a prosseguir com passo veloz e alegre a caminhada: "Guiados pelo Espírito, nunca rígidos, nunca fechados, sempre abertos à voz de Deus que fala, que abre, que conduz, que nos convida a seguir para o verdadeiro horizonte".[37]

Quais terras estamos habitando e quais horizontes nos é dado perscrutar?

Papa Francisco convida a acolher o hoje de Deus e as suas *novidades*, convida-nos às "surpresas de Deus"[38] na fidelidade, sem medo nem resistências, para "ser profetas que testemunhem como Jesus é vivido nesta terra, que anunciem como o Reino de Deus será na sua perfeição. Um religioso nunca deve renunciar à sua profecia".[39]

Ressoa para nós o convite a continuar a caminhada levando no coração as expectativas do mundo. Percebemos a sua leveza e o seu peso, enquanto pers-

---

[36] PAULO VI, *Mensagem* aos padres conciliares por ocasião do encerramento do Concílio Vaticano II, Roma (8 de dezembro de 1965).
[37] FRANCISCO, *Homilia* na Festa da Apresentação do Senhor – XVIII Jornada Mundial da vida consagrada, Roma (2 de fevereiro de 2014).
[38] FRANCISCO, *Homilia* para a Vigília Pascal, Roma (30 de março de 2013): "Temos medo das surpresas de Deus! Ele não cessa de nos surpreender! O Senhor é assim. Irmãos e irmãs, não nos fechemos à novidade que Deus quer trazer à nossa vida".
[39] A. SPADARO, *"Svegliate il mondo!"*. *Colloquio di Papa Francesco con i Superiori Generali*, in *La Civiltà Cattolica*, 165(2014/I), p. 7.

crutamos a chegada imprevisível da *nuvenzinha*. Germe humilde de uma Notícia que não pode ser calada.

A vida consagrada vive um tempo de passagens exigentes e de necessidades novas. A crise é o estado em que se é chamado ao exercício evangélico do discernimento, é a oportunidade de escolher com sabedoria – como o escriba, "que tira do seu tesouro coisas novas e velhas" (cf. Mt 13,52) – enquanto recordamos que a história é tentada a conservar mais do que um dia poderá ser utilizado. Corremos o risco de conservar "memórias" sacralizadas que tornam menos ágil a saída da *caverna* das nossas seguranças. O Senhor nos ama "com afeto eterno" (cf. Is 54,8): essa confiança nos chama para a liberdade.

Unidos para perscrutar o horizonte

11. Uma velada *acédia* (ακηδια) enfraquece, às vezes, o nosso espírito, ofusca a visão, esgota as decisões e entorpece os passos, conjugando a identidade da vida consagrada sobre um paradigma envelhecido e autorreferencial, sobre um horizonte breve: "Desenvolve-se a psicologia do túmulo, que, pouco a pouco, transforma os cristãos em múmias de museu".[40] Contra esta inércia do espírito e do agir, contra esta desmotivação que entristece e extingue alma e vontade, já Bento XVI exortara: "'Não vos unais aos profetas da desgraça que proclamam o fim ou o não sentido da vida consagrada

---

[40] Francisco, Exortação Apostólica *Evangelii gaudium* (24 de novembro de 2013), n. 83.

na Igreja dos nossos dias; mas sim vesti-vos de Jesus Cristo e usai as armas da luz – como exorta São Paulo (cf. Rm 13,11-14) –, permanecendo despertos e vigilantes'. São Cromácio de Aquileia escreveu: 'Senhor, salva-nos do perigo para que jamais nos deixemos sobrecarregar pelo sono da infidelidade; mas nos conceda a sua graça e sua misericórdia, para que possamos vigiar sempre na fidelidade a ele. De fato, a nossa fidelidade está em Cristo' (Sermão 32,4)".[41]

A vida consagrada atravessa um vau, mas não pode permanecer assim de modo permanente. Somos convidados a realizar a passagem – *Igreja em saída* é uma das expressões típicas do Papa Francisco – como *kairós* que exige renúncias, que pede que se deixe aquilo que se conhece e se empreenda um percurso longo e nada fácil, como Abraão para a terra de Canaã (cf. Gn 12,1-6), como Moisés para uma terra misteriosa, legada aos patriarcas (cf. Ex 3,7-8), como Elias para Sarepta de Sidônia: todos para terras misteriosas divisadas apenas na fé.

Não se trata de responder à pergunta se o que fazemos é bom: o discernimento olha para os horizontes que o Espírito sugere à Igreja, interpreta a roçadura das estrelas da manhã sem saída de emergência, sem atalhos improvisados, deixa-se levar a coisas grandes através de sinais pequenos e frágeis, colocando em jogo

---

[41] BENTO XVI, *Homilia* para a festa da Apresentação do Senhor – XVII Jornada Mundial da vida consagrada, Roma (2 de fevereiro de 2013).

os recursos fracos. Somos chamados a uma obediência comum que se faz fé no presente para prosseguir juntos com "a coragem de lançar as redes na força *da sua palavra* (cf. Lc 5,5) e não de motivações humanas apenas".[42]

A vida consagrada, alimentada para a esperança da promessa, é chamada a prosseguir a caminhada sem deixar-se condicionar por aquilo que se deixa para trás: "Eu não julgo ter já alcançado a meta, mas, esquecendo o que fica para trás avanço para o que está na frente" (Fl 3,13-14). A esperança não está edificada sobre as nossas forças e sobre os nossos números, mas sobre os dons do Espírito: a fé, a comunhão, a missão. Os consagrados são um povo tornado livre pela profissão dos conselhos do Evangelho, disposto a olhar na fé para além do presente, convidado a "alargar sempre o olhar para reconhecer um bem maior que trará benefícios a todos nós".[43]

O horizonte de chegada deste caminho é marcado pelo ritmo do Espírito, não é uma terra conhecida. Abrem-se diante da nossa caminhada novas fronteiras, realidades novas, outras culturas, necessidades diversas, *periferias*.

Em imitação do jogo de equipe do profeta Elias e do seu servo, é preciso recolher-se em oração com

---

[42] CONGREGAÇÃO PARA OS INSTITUTOS DE VIDA CONSAGRADA E AS SOCIEDADES DE VIDA APOSTÓLICA, Instrução *O serviço da autoridade e a obediência. Faciem tuam, Domine, requiram* (11 de maio de 2008), n. 11.

[43] FRANCISCO, Exortação Apostólica *Evangelii gaudium* (24 de novembro de 2013), n. 235.

um sentido de paixão e compaixão pelo bem do povo que vive cenários de perda e, muitas vezes, de dor. É urgente também o serviço generoso e paciente do servo, que sobe para examinar o mar, até colher o pequeno 'sinal' de uma história nova, de uma "grande chuva". Aquela *brisa suave* pode ser identificada hoje com tantos desejos inquietos dos nossos contemporâneos que buscam interlocutores sábios, pacientes companheiros de caminho, capazes de acolhida desarmada no coração, facilitadores e não controladores da graça, para novos tempos de fraternidade e salvação.[44]

Um guia "atrás do povo"

12. É indispensável, outrossim, que o êxodo seja feito junto, conduzido com simplicidade e clareza por quem serve em autoridade na busca do rosto do Senhor como vontade primeira. Convidamos quem é chamado a tal serviço a exercê-lo em obediência ao Espírito, com coragem e constância, a fim de que a complexidade e a transição sejam geridas e o passo não seja atrasado ou parado.

Exortamos a uma liderança que não deixe as coisas como estão,[45] que afaste "a tentação de deixar tudo de lado e de considerar inútil todo e qualquer esforço para melhorar uma situação. Perfila-se, então, o perigo de se criarem administradores da rotina, resignados à mediocridade, inibidos para intervir, privados de coragem de apontar as metas da autêntica vida consagrada

---

[44] Ibid., n. 47.
[45] Ibid., n. 25.

e correndo o risco de enfraquecer o amor das origens e o desejo de testemunhá-lo".[46]

Corre o tempo das pequenas coisas, da humildade que sabe oferecer alguns poucos pães e dois peixes à bênção de Deus (cf. Jo 6,9), que sabe divisar na *nuvem pequena como a palma da mão* o excesso da chuva. Não somos chamados a uma liderança preocupada e administrativa, mas a um serviço de autoridade que oriente com clareza evangélica o caminho a fazer juntos e na unidade de coração, dentro de um presente frágil no qual o futuro vive a sua gestação. Não nos serve uma "simples administração",[47] é preciso "caminhar atrás do povo, para ajudar aqueles que ficaram para trás e – sobretudo – porque o rebanho possui o seu olfato para encontrar novos caminhos".[48]

Uma liderança que acolha e encoraje com ternura empática os olhares dos irmãos e das irmãs, também daqueles que forçam o passo ou freiam a andadura, ajudando-os a superar pressa, medos e atitudes renunciatárias. Pode haver quem volte ao passado, quem sublinhe com nostalgia as suas diferenças, quem rumine em silêncio ou levante dúvidas acerca da escassez de meios, recursos, pessoas. "Não fiquemos encalhados

---

[46] CONGREGAÇÃO PARA OS INSTITUTOS DE VIDA CONSAGRADA E AS SOCIEDADES DE VIDA APOSTÓLICA, Instrução *O serviço da autoridade e a obediência. Faciem tuam, Domine, requiram* (11 de maio de 2008), n. 28.

[47] FRANCISCO, Exortação Apostólica *Evangelii gaudium* (24 de novembro de 2013), n. 25.

[48] Ibid., n. 31.

na nostalgia de estruturas e costumes que já não são fonte de vida no mundo atual."[49]

Pode-se perceber o eco do servo de Elias que repete, ao pescrutar o horizonte: "Não há nada!" (1Rs 18,43). Somos chamados à graça da paciência, a esperar e voltar a perscrutar o céu até sete vezes, todo o tempo necessário, a fim de que a caminhada de todos não pare por indolência de alguns: "Para os fracos, fiz-me fraco, a fim de ganhar os fracos. Tornei-me tudo para todos, a fim de salvar alguns a todo custo. E isto tudo eu faço por causa do evangelho, para dele me tornar participante" (1Cor 9,22-23).

Seja-nos dado saber orientar a caminhada fraterna para a liberdade segundo os ritmos e os tempos de Deus. Perscrutar juntos o céu e vigiar significa ser chamados todos – pessoas, comunidades, institutos – à obediência para "entrar em 'outra' ordem de valores, captar um sentido novo e diferente da realidade, crer que Deus passou embora não tenha deixado *pegadas visíveis*, mas o tenhamos percebido como *voz de silêncio sonoro*,[50] que impele a experimentar uma liberdade impensável, chegar às portas do mistério: "Pois os meus pensamentos não são os vossos pensamentos, e vossos caminhos não são os meus, oráculo do Senhor"[51] (Is 55,8).

---

[49] Ibid., n. 108.
[50] Tradução mais literal da *brisa suave* de 1Rs 19,12.
[51] CONGREGAÇÃO PARA OS INSTITUTOS DE VIDA CONSAGRADA E AS SOCIEDADES DE VIDA APOSTÓLICA, Instrução *O serviço da autoridade e a obediência. Faciem tuam, Domine, requiram* (11 de maio de 2008), n. 7.

Neste êxodo que amedronta a nossa lógica humana – que exigiria metas claras e caminhos experimentados – ressoa uma pergunta: quem fortificará os nossos *joelhos vacilantes* (cf. Is 35,3)?

A ação do Espírito nas situações complexas e bloqueadas faz-se presente no coração como aquela que simplifica, evidencia prioridades e oferece sugestões para prosseguir para as metas a que quer conduzir-nos. É oportuno partir sempre dos sopros de alegria do Espírito, ele "intercede com gemidos inexprimíveis [...] pelos santos segundo os desígnios de Deus" (Rm 8,26-27). "Não há maior liberdade do que a de se deixar conduzir pelo Espírito, renunciando a calcular e controlar tudo, e permitindo que ele nos ilumine, guie, dirija e impulsione para onde ele quiser. O Espírito Santo bem sabe o que faz falta em cada época e em cada momento. A isto se chama ser misteriosamente fecundos!"[52]

A mística do encontro

13. "Quais 'sentinelas' que mantêm vivo no mundo o desejo de Deus e o despertam no coração de tantas pessoas com sede de infinito",[53] somos convidados a ser buscadores e testemunhas de projetos de Evangelho visíveis e vitais. Homens e mulheres com fé forte, mas também com capacidade de empatia, de proximidade,

---

[52] Francisco, Exortação Apostólica *Evangelii gaudium* (24 de novembro de 2013), n. 280.
[53] Francisco, *Discurso* aos Bispos da Conferência Episcopal do México em visita *ad limina apostolorum*, Roma (19 de maio de 2014).

de espírito criativo e criador, os quais não podem limitar o espírito e o carisma nas estruturas rígidas e no medo de abandoná-las.

Papa Francisco nos convida a viver a "mística do encontro": "A capacidade de ouvir, de escutar outras pessoas. A capacidade de procurar juntos o caminho, o método, [...] significa também não se assustar, não se apavorar com as coisas".[54]

"Se cada um de vós – continua o Santo Padre – é para os outros uma possibilidade preciosa de encontro com Deus, trata-se de redescobrir a responsabilidade de ser profecia como comunidade, de procurar juntos, com humildade e com paciência, uma palavra de sentido que pode ser um dom para o país e para a Igreja, e dela dar testemunho com simplicidade. Vós sois como *antenas* prontas a colher os germes de novidade suscitados pelo Espírito Santo, e podeis ajudar a comunidade eclesial a assumir este olhar de bem e encontrar caminhos novos e corajosos para alcançar todos."[55]

Um paradigma conciliar foi *a solicitude pelo mundo e pelo homem*. Dado que o homem – não o homem abstrato, mas o homem concreto – "é o primeiro caminho que a Igreja deve percorrer no cumprimento

---

[54] FRANCISCO, *Discurso* aos reitores e aos alunos dos Pontifícios Colégios e Internatos de Roma, Roma (12 de maio de 2014).
[55] FRANCISCO, *Audiência* aos participantes do encontro promovido pela Conferência Italiana dos Institutos Seculares, Roma (10 de maio de 2014).

da sua missão",[56] o compromisso para com os homens e as mulheres do nosso tempo permanece primordial. O compromisso é o mesmo de sempre, com uma imaginação sempre renovada: na educação, na saúde, na catequese, no acompanhamento constante do homem com as suas necessidades, as suas aspirações, as suas perdas. Em seu aspecto físico, na sua realidade social, o homem é o caminho da evangelização. A vida consagrada deslocou-se para as periferias das cidades, realizando um verdadeiro "êxodo" rumo aos pobres, dirigindo-se para o mundo dos abandonados. Devemos reconhecer a generosidade exemplar, mas também que não faltaram tensões e riscos de ideologização, sobretudo nos primeiros anos pós-conciliares.

"Aquela antiga história do bom samaritano – dizia Paulo VI no discurso de encerramento do Concílio – foi exemplo e norma segundo os quais se orientou o nosso Concílio. Com efeito, um imenso amor para com os homens penetrou totalmente o Concílio. A descoberta e a consideração renovada das necessidades humanas (que são tanto maiores quanto maior se torna o filho desta terra) absorveram toda a atenção deste Concílio. Vós, humanistas modernos, que negais as verdades transcendentes, dai ao Concílio ao menos este louvor e

---

[56] JOÃO PAULO II, Carta Encíclica *Redemptor hominis* (4 de março de 1979), n. 14.

reconhecei este nosso humanismo novo: também nós, e nós mais do que ninguém, somos cultores do homem."[57]

A nossa missão coloca-se na perspectiva desta "simpatia", na perspectiva da centralidade da pessoa que sabe partir do humano. Faz emergir toda a riqueza e verdade de humanidade que o encontro com Cristo exige e favorece, ao mesmo tempo que nos introduz na compreensão de que os recursos eclesiais são importantes justamente enquanto recursos de verdadeira humanidade e de *promoção humana*.[58] Mas que homem e que mulher temos hoje diante de nós? Quais são os desafios e as atualizações necessários para uma vida consagrada que queira viver com o mesmo "estilo" do Concílio, ou seja, em atitude de diálogo e de solidariedade, de profunda e autêntica "simpatia" com os homens e as mulheres de hoje e a sua cultura, o seu "ouvir" interior, a sua autoconsciência, as suas coordenadas morais?

Movidos pelo Espírito de Cristo somos chamados a reconhecer o que é verdadeiramente humano. A nossa ação não se limita a uma identidade social, semelhante a uma ONG piedosa, como várias vezes o Papa Francisco repetiu,[59] com a finalidade de construir uma sociedade mais justa, mas secularizada, fechada à transcendência

---

[57] Paulo VI, *Alocução* por ocasião da última sessão pública do Concílio Ecumênico Vaticano II, Roma (7 de dezembro de 1965).
[58] Sagrada Congregação para os Religiosos e os Institutos Seculares, *Religiosos e promoção humana* (12 de agosto de 1980).
[59] Cf. Francisco, *Homilia* na santa missa com os cardeais, Roma (14 de março de 2013).

e, enfim, também não justa. Os objetivos de promoção social estão inseridos no horizonte que evidencie e guarde o testemunho do Reino e a verdade do humano.

No nosso tempo, dominado pela comunicação pervasiva e global e, ao mesmo tempo, pela incapacidade de comunicar com autenticidade, a vida consagrada é chamada a ser sinal da possibilidade de relações humanas acolhedoras, transparentes, sinceras. A Igreja, na fraqueza e na solidão alienante e autorreferencial do humano, conta com fraternidades ricas "de alegria e de Espírito Santo" (At 13,52).[60] *Specialis caritatis schola*,[61] a vida consagrada, nas suas múltiplas formas de fraternidade, é plasmada pelo Espírito Santo, porque "onde está a comunidade, aí está o Espírito de Deus; e onde está o Espírito de Deus, aí está a comunidade e toda graça".[62]

Consideramos a fraternidade como lugar rico de mistério e "espaço teologal, onde se pode experimentar a presença mística do Senhor ressuscitado".[63] Percebe-se uma defasagem entre este mistério e a vida cotidiana: somos convidados a passar da forma de vida em comum para a graça da fraternidade. Da forma *communis* para a relacionalidade humana na forma evangélica na força

---

[60] Cf. João Paulo II, Exortação Apostólica pós-sinodal *Vita consecrata* (25 de março de 1996), n. 45.
[61] Guilherme de Saint-Thierry, *De Natura et dignitate amoris*, 9, 26.
[62] Ireneu de Lyon, *Contra as heresias* III, 24, I.
[63] João Paulo II, Exortação Apostólica pós-sinodal *Vita consecrata* (25 de março de 1996), n. 42; cf. Concílio Ecumênico Vaticano II, Decreto sobre a renovação da vida religiosa *Perfectae caritatis*, n. 15.

da caridade de Deus derramada nos corações por meio do Espírito Santo (cf. Rm 5,5).

Papa Francisco nos admoesta: "Por isso me dói muito comprovar como em algumas comunidades cristãs, e mesmo entre pessoas consagradas, se dá espaço a várias formas de ódio, divisão, calúnia, difamação, vingança, ciúme, a desejos de impor as próprias ideias a todo custo, e até perseguições que parecem uma implacável caça às bruxas. Quem queremos evangelizar com estes comportamentos? [...] Ninguém se salva sozinho, isto é, nem como indivíduo isolado nem por suas próprias forças. Deus atrai-nos, no respeito da complexa trama de relações interpessoais que a vida numa comunidade humana supõe".[64]

Somos chamados então a reconhecer-nos como fraternidade aberta para a complementariedade do encontro na convivência das diferenças, para prosseguir unidos: "Uma pessoa que conserva a sua peculiaridade pessoal e não esconde a sua identidade – exorta Papa Francisco –, quando se integra cordialmente numa comunidade não se aniquila, mas recebe sempre novos estímulos para o seu próprio desenvolvimento".[65] O estilo do "diálogo" que é "muito mais do que a comunicação de uma verdade. Realiza-se pelo gosto de falar e pelo bem concreto que se comunica através das palavras entre aqueles que se amam. É um bem que não consiste

---

[64] Francisco, Exortação Apostólica *Evangelii gaudium* (24 de novembro de 2013), n. 100, 113.
[65] Ibid., n. 235; cf. n. 131.

em coisas, mas nas próprias pessoas que mutuamente se dão no diálogo".[66] Recordando que "o clima do diálogo é a amizade. Ou melhor, o serviço".[67]

As nossas fraternidades são lugares nos quais o mistério do humano toca o mistério divino na experiência do Evangelho. São dois os "lugares" em que, de maneira privilegiada, o Evangelho se manifesta, toma corpo, dá-se: a família e a vida consagrada. No primeiro lugar o Evangelho entra na cotidianidade e mostra a sua capacidade de transfigurar a sua vivência no horizonte do amor. O segundo sinal, ícone de um mundo futuro que relativiza todo bem deste mundo, faz-se lugar complementar e especular ao primeiro, enquanto se mostra antecipadamente o cumprimento da caminhada da vida e tornam-se relativas à comunhão final com Deus todas as experiências humanas, também aquelas mais bem-sucedidas.[68]

Tornamo-nos "lugar do Evangelho" quando garantimos para nós e a favor de todos o espaço do cuidado de Deus, impedimos que o tempo todo seja cheio de coisas, de atividades, de palavras. Somos lugares de Evangelho, quando somos mulheres e homens de desejo a espera de um encontro, de uma reunião, de

---

[66] Ibid., n. 142.
[67] Paulo VI, Carta Encíclica *Ecclesiam suam* (6 de agosto de 1964), n. 90; cf. Francisco, *Audiência* aos participantes no encontro promovido pela Conferência Italiana dos Institutos Seculares, Roma (10 de maio de 2014).
[68] Cf. XIII Assembleia Geral Ordinária do Sínodo dos Bispos (7-28 de outubro de 2012), *Mensagem ao povo de Deus* (26/10/2012), n. 7.

uma relação. Por isso é essencial que os nossos ritmos de vida, os ambientes das nossas fraternidades, todas as nossas atividades se tornem espaço de custódia de uma 'ausência', que é presença de Deus.

"A comunidade sustém todo o apostolado. Às vezes as comunidades religiosas são imbuídas por tensões, com o risco do individualismo e da dispersão, mas são necessárias comunicação profunda e relações autênticas. A força humanizadora do Evangelho é testemunhada pela fraternidade vivida em comunidade, feita de acolhimento, respeito, ajuda recíproca, compreensão, amabilidade, perdão e alegria."[69] Deste modo a comunidade se torna casa na qual se vive a diferença evangélica. O estilo do Evangelho, humano e sóbrio, se manifesta na busca que aspira à transfiguração; no celibato pelo Reino; na procura e na escuta de Deus e da sua Palavra: obediência que mostra a diferença cristã. Sinais eloquentes num mundo que torna a buscar o essencial.

A comunidade que se senta à mesa e reconhece o Cristo no partir do pão (cf. Lc 24,13-35) é também lugar no qual cada um reconhece as fragilidades. A fraternidade não produz a perfeição das relações, mas acolhe o limite de todos e o leva no coração e na oração como ferida infligida ao mandamento do amor (cf. Jo 13,31-35): lugar onde o mistério pascal realiza a cura e

---

[69] Francisco, *Discurso* aos participantes no Capítulo Geral da Sociedade Salesiana de São João Bosco (Salesianos), Roma (31 de março de 2014).

fermenta a unidade. Acontecimento de graça invocado e recebido por irmãs e irmãos que estão juntos não por escolha, mas por chamado, experiência da presença do Ressuscitado.

A profecia da mediação

14. As famílias religiosas nasceram para inspirar caminhos novos, oferecer percursos impensados ou responder com agilidade às necessidades humanas e do espírito. Pode acontecer que a institucionalização com o tempo fique carregada de "prescrições obsoletas"[70] e que as exigências sociais convertam as respostas evangélicas em respostas medidas pela eficiência e pela racionalidade "de empresa". Pode acontecer que a vida consagrada perca a respeitabilidade, a audácia carismática e a *parresia* evangélica, porque é atraída por luzes estranhas à sua identidade.

Papa Francisco nos convida à fidelidade criativa, às surpresas de Deus: "Jesus Cristo pode romper também os esquemas enfadonhos em que pretendemos aprisioná-lo, e surpreende-nos com a sua constante criatividade divina. Sempre que procuramos voltar à fonte e recuperar o frescor original do Evangelho, despontam novos caminhos, métodos criativos, outras formas de expressão, sinais mais eloquentes, palavras cheias de

---

[70] Concílio Vaticano II, Decreto sobre a renovação da vida religiosa *Perfectae caritatis*, n. 3.

renovado significado para o mundo atual. Na realidade, toda a ação evangelizadora autêntica é sempre 'nova'".[71]

Nas encruzilhadas do mundo

15. O Espírito nos chama a modular o *servitium caritatis* segundo o sentir da Igreja. A caridade "empenha-se na construção da 'cidade do homem' segundo o direito e a justiça. Por outro lado, a caridade supera a justiça e completa-a com a lógica do dom e do perdão. A 'cidade do homem' não se move apenas por relações feitas de direitos e de deveres, mas antes e sobretudo por relações de gratuidade, misericórdia e comunhão",[72] e o Magistério nos introduz em uma compreensão mais ampla: "O risco do nosso tempo é que, à real interdependência dos homens e dos povos, não corresponda a interação ética das consciências e das inteligências, da qual possa resultar um desenvolvimento verdadeiramente humano. Só através da *caridade, iluminada pela luz da razão e da fé*, é possível alcançar objetivos de desenvolvimento dotados de uma valência mais humana e humanizadora".[73]

Outras coordenadas do Espírito nos chamam a reforçar cidadelas nas quais o pensamento e o estudo possam guardar a identidade humana e o seu rosto de

---

[71] FRANCISCO, Exortação Apostólica *Evangelii gaudium* (24 de novembro de 2013), n. 11.
[72] BENTO XVI, Carta Encíclica *Caritas in veritate* (29 de junho de 2009), n. 6.
[73] Ibid., n. 9.

graça no fluxo das conexões digitais e dos mundos de *network*, que exprimem uma condição real e espiritual do homem contemporâneo. A tecnologia infunde e ao mesmo tempo comunica necessidades e estimula desejos que o homem concebeu desde sempre: somos chamados a habitar estas *terras inexploradas* para narrar aí o Evangelho. "Neste tempo em que as redes e demais instrumentos da comunicação humana alcançaram progressos inauditos, sentimos o desafio de descobrir e transmitir a 'mística' de viver juntos, misturarmo-nos, encontrarmo-nos, darmos o braço, apoiarmo-nos, participarmos nesta maré um pouco caótica que pode transformar-se numa verdadeira experiência de fraternidade, numa caravana solidária, numa peregrinação sagrada."[74]

Somos convidados a armar ágeis tendas nas encruzilhadas das veredas não batidas, a ficar no limiar, como o profeta Elias, que fez da geografia de periferia um recurso de revelação: para o Norte a Sarepta, para o Sul ao Horeb, para o Leste além do Jordão para a solidão penitencial e, enfim, para a subida ao céu. O *limiar* é o lugar onde o Espírito geme: onde nós não sabemos mais o que dizer, nem orientar as nossas expectativas, mas onde o Espírito conhece *os desígnios de Deus* (Rm 8,27) e os dá a nós. Às vezes corre-se o risco de atribuir às *vias* do Espírito os nossos mapas já traçados anteriormente, porque a repetição dos cami-

---

[74] Francisco, Exortação Apostólica *Evangelii gaudium* (24 de novembro de 2013), n. 87.

nhos nos tranquiliza. Papa Bento abre para a visão de uma Igreja que cresce *por atração*,[75] ao passo que Papa Francisco sonha com "uma opção missionária capaz de transformar tudo, para que os costumes, os estilos, os horários, a linguagem e toda a estrutura eclesial se tornem um canal proporcionado mais à evangelização do mundo atual que à autopreservação em atitude constante de 'saída' e, assim, favoreça a resposta positiva de todos aqueles a quem Jesus oferece a sua amizade".[76]

A alegria do Evangelho nos pede para estabelecer uma espiritualidade como arte da busca que explora metáforas alternativas, imagens novas e cria perspectivas inéditas. Partir com humildade da experiência de Cristo e do seu Evangelho, ou seja, do saber *experiencial* e, muitas vezes, desarmado como o de Davi diante de Golias. O poder do Evangelho, experimentado em nós como salvação e alegria, nos habilita a usar com sabedoria imagens e símbolos adaptados a uma cultura que *fagocita* acontecimentos, pensamentos, valores, restituindo-os em contínuos "ícones" sedutores, eco de "uma profunda nostalgia de Deus, que se manifesta de modos diferentes e põe numerosos homens e mulheres em atitude de sincera busca".[77]

---

[75] BENTO XVI, *Homilia* na Santa Missa de inauguração da V Conferência Geral do Episcopado Latino-americano e Caribenho no santuário de Aparecida, Brasil (13 de maio de 2007).

[76] FRANCISCO, Exortação Apostólica *Evangelii gaudium* (24 de novembro de 2013), n. 27.

[77] BENTO XVI, *Carta* ao cardeal Kurt Koch, presidente do Pontifício Conselho para a Unidade dos Cristãos, por ocasião do XII Simpósio Intercristão (Salônica, 29 de agosto a 2 de setembro de 2011), n. 2.

No passado, um dos temas vigorosos da vida espiritual era o símbolo da *viagem* ou da *subida*: não ao espaço, mas para o centro da alma. Esse processo místico colocado no fundamento da vida do espírito encontra hoje outras instâncias de valor às quais oferece luz e significado. A oração, a purificação, o exercício das virtudes se relacionam com a solidariedade, a *inculturação*, o ecumenismo espiritual, a nova antropologia, buscando nova hermenêutica e, segundo a antiga *traditio* patrística, novos caminhos mistagógicos.

Os consagrados e consagradas, peritos no Espírito e conscientes do homem interior no qual habita Cristo, são convidados a se moverem ao longo destes caminhos, opondo-se ao *diabólico* que divide e separa e libertando o *simbólico*, ou seja, o primado da ligação e da relação presente na complexidade da realidade criada, "o desígnio de recapitular em Cristo todas as coisas, as do céu e as da terra" (Ef 1,10).

Onde estarão os consagrados? Livres de vínculos por causa da forma evangélica de vida que professam, poderão ficar – como sentinelas – na beira do caminho onde o olhar se faz mais nítido, mais agudo e humilde o pensamento? A vida consagrada toda poderá acolher o desafio das perguntas que vêm dos cruzamentos dos caminhos do mundo?

A experiência dos pobres, o diálogo inter-religioso e intercultural, a complementaridade homem-mulher, a ecologia num mundo doente, a eugenética sem freios, a economia globalizada, a comunicação planetária, a linguagem simbólica são os novos horizontes hermenêuticos que não se podem simplesmente enumerar, mas são habitados e fermentados sob a guia do Espírito que *geme* em tudo (cf. Rm 8,22-27). São percursos que de tempos em tempos questionam sistemas de valores, linguagens, prioridades, antropologias. Milhões de pessoas estão a caminho através de mundos e civilizações, desestabilizando identidades seculares e favorecendo misturas de culturas e de religiões.

A vida consagrada saberá tornar-se interlocutora acolhedora "daquela busca de Deus que desde sempre agita o coração do homem"?[78] Poderá dirigir-se – como Paulo – à praça de Atenas e falar do Deus desconhecido aos gentios (At 17,22-34)? Saberá alimentar o ardor do pensamento para reavivar o valor da alteridade e da ética das diferenças na convivência pacífica?

Nas suas diversas formas a vida consagrada já está presente nessas encruzilhadas. Há séculos, *in primis* os mosteiros, as comunidades e as fraternidades em territórios de limite vivem o testemunho silencioso, lugar de Evangelho, de diálogo, de encontro. Muitos consagrados e consagradas, também, habitam o dia a dia dos homens e das mulheres de hoje, compartilham alegrias e dores, na animação da ordem temporal, com a sabedoria e a audácia de "encontrar caminhos novos e

---

[78] João Paulo II, Exortação Apostólica pós-sinodal *Vita consecrata* (25 de março de 1996), n. 103.

corajosos para alcançar todos" em Cristo,[79] e "ir além, não só além, mas mais além e no meio, lá onde tudo está em questão".[80]

Os consagrados e as consagradas no *limiar* são chamados a abrir "clareiras", como há muito tempo se abriam espaços no meio das matas para fundar cidades. As consequências de tais escolhas – como sublinha Papa Francisco – são incertas, obrigam-nos sem dúvida a uma saída do centro para as periferias, a uma redistribuição das forças nas quais não predominem a salvaguarda do *status quo* e a valorização do lucro, mas a profecia das escolhas evangélicas. "O carisma não é uma garrafa de água destilada. É preciso vivê-lo com energia, relendo-o também culturalmente."[81]

No sinal do pequeno

16. Continuamos a nossa viagem tecendo mediações no sinal humilde do Evangelho: "Não perder nunca o ímpeto de *caminhar pelos caminhos do mundo*, a consciência de que caminhar, andar também com passo incerto ou mancando, é sempre melhor do que estar parado, fechado nas suas perguntas ou nas suas seguranças".[82]

---

[79] Francisco, *Audiência* aos participantes no encontro promovido pela Conferência Italiana dos Institutos Seculares, Roma (10 de maio de 2014).
[80] Ibid.
[81] A. Spadaro, *"Svegliate il mondo!". Colloquio di PapaFrancesco con i Superiori Generali*, in *La Civiltà Cattolica*, 165(2014/I), p. 8.
[82] Ibid.

Os ícones que meditamos – desde a *nuvem* que acompanhava o êxodo até as vicissitudes do profeta Elias – revelam-nos que o Reino de Deus se manifesta entre nós no signo do pequeno. "Acreditamos no Evangelho que diz que o Reino de Deus já está presente no mundo, e vai-se desenvolvendo cá e lá, de várias maneiras: como a pequena semente que pode chegar a transformar-se numa grande árvore (cf. Mt 13,31-32), como o punhado de fermento que leveda uma grande massa (cf. Mt 13,33) e como a boa semente que cresce no meio do joio (cf. Mt 13,24-30) e sempre nos pode surpreender positivamente."[83]

Quem se detém na autorreferencialidade, frequentemente, tem imagem e conhecimento apenas de si mesmo e do seu horizonte. Quem se limita à margem pode intuir e favorecer um mundo mais humilde e espiritual.

Os percursos novos da fé brotam hoje em lugares humildes, no signo de uma Palavra que, se for ouvida e vivida, leva à redenção. Os institutos de vida consagrada e as sociedades de vida apostólica que realizam escolhas a partir dos pequenos *sinais* interpretativos na fé e na profecia que sabe intuir o *além*, tornam-se lugar de vida, onde resplandece a luz e soa o convite que chama outros a seguir a Cristo.

Plantemos um estilo de obras e de presenças pequenas e humildes como o evangélico *grão* de mostarda

---

[83] Francisco, Exortação Apostólica *Evangelii gaudium* (24 de novembro de 2013), n. 278.

(cf. Mt 13,31-32) no qual brilhe sem fronteiras a intensidade do sinal: a palavra corajosa, a fraternidade alegre, a escuta da voz fraca, a memória da casa de Deus entre os homens. É preciso cultivar "um olhar contemplativo, isto é, um olhar de fé que descubra Deus que habita nas suas casas, nas suas ruas, nas suas praças. A presença de Deus acompanha a busca sincera que indivíduos e grupos efetuam para encontrar apoio e sentido para a sua vida. Ele vive entre os cidadãos promovendo a solidariedade, a fraternidade, o desejo de bem, de verdade, de justiça. Esta presença não precisa ser criada, mas descoberta, desvendada".[84]

A vida consagrada encontra a sua fecundidade não apenas ao testemunhar o bem, mas ao reconhecê-lo e saber indicá-lo, especialmente onde não se costuma vê-lo, nos "não cidadãos", nos "cidadãos pela metade", nos "resíduos urbanos",[85] e sem dignidade. Passar das palavras de solidariedade para os gestos que acolham e curem: a vida consagrada é chamada a tal verdade.[86]

Papa Bento já nos exortava: "Eu vos convido a uma fé que saiba reconhecer a sabedoria da fraqueza. Nas alegrias e nas aflições do tempo presente, quando a dureza e o peso da cruz são sentidos, não duvideis que a *kénosis* de Cristo é já vitória pascal. Precisamente no limite e na fraqueza humana somos chamados a viver a

---

[84] FRANCISCO, Exortação Apostólica *Evangelii gaudium* (24 de novembro de 2013), n. 71.
[85] Ibid., n. 74.
[86] Cf. ibid., n. 207.

conformação com Cristo, numa tensão totalizadora que antecipa, na medida do possível, no tempo, a perfeição escatológica. Nas sociedades da eficiência e do sucesso, a vossa vida marcada pela 'minoria' e pela fraqueza dos pequenos, pela empatia com aqueles que não têm voz, torna-se um evangélico sinal de contradição".[87]

Convidamos a voltar à sabedoria evangélica vivida pelos pequenos (cf. Mt 11,25): "É a alegria que se vive no meio das pequenas coisas da vida cotidiana, como resposta ao amoroso convite de Deus nosso Pai: "Filho, enquanto for possível, trata-te bem... Não te prives de um dia feliz" (Eclo 14,11.14). Quanta ternura paterna se vislumbra por detrás destas palavras".[88]

A atual fraqueza da vida consagrada deriva também de ter perdido a alegria das "pequenas coisas da vida".[89] Na via da conversão, os consagrados e as consagradas poderiam descobrir que o primeiro chamado – recordamos isto na Carta *Alegrai-vos* – é o chamado à alegria como acolhida do pequeno e busca do bem: "Só por hoje serei feliz na certeza de que fui criado para a felicidade não apenas no outro mundo, mas também neste".[90]

---

[87] BENTO XVI, *Homilia* para a festa da Apresentação do Senhor – XVII Jornada Mundial da vida consagrada, Roma (2 de fevereiro de 2013).
[88] FRANCISCO, Exortação Apostólica *Evangelii gaudium* (24 de novembro de 2013), n. 4.
[89] Ibid.
[90] JOÃO XXIII, *Decalogo dela serenità*, in *Il Giornale dell'anima*, LEV, Città del Vaticano, 2014, p. 217.

Papa Francisco nos convida a deixar-nos "conduzir pelo espírito, renunciando a calcular e controlar tudo, e permitindo que ele nos ilumine, guie, dirija e impulsione para onde ele quiser. O Espírito Santo bem sabe o que faz falta em cada época e em cada momento".[91]

Em coro com a statio orante

17. O horizonte está aberto, enquanto somos convidados à vigilância orante que intercede pelo mundo. Nela continuamos a divisar pequenos sinais anunciadores de chuva abundante, benéfica sobre a nossa aridez, sussurros leves de uma presença fiel.

A caminhada a fazer para seguir a nuvem nem sempre é fácil. O discernimento às vezes exige longas esperas cansativas. O jugo suave e leve (cf. Mt 11,30) pode tornar-se pesado. O deserto é também um lugar de solidão, de vazio. Um lugar no qual falta o que é fundamental para viver: água, vegetação, companhia de outras pessoas, calor de um amigo e até mesmo a vida. No deserto cada um toca, no silêncio e na solidão, a sua imagem mais verdadeira: mede a si mesmo e o infinito, a sua fragilidade como grão de areia e a solidez da rocha como mistério de Deus.

Os israelitas ficavam acampados enquanto a nuvem permanecia sobre a tenda; retomavam a caminhada quando a nuvem se levantava daquela morada. Parar e

---

[91] Francisco, Exortação Apostólica *Evangelii gaudium* (24 de novembro de 2013), n. 280.

partir: uma vida guiada, regulada, ritmada pela nuvem do Espírito. Uma vida a viver em vigilante vigília.

Elias, prostrado, esmagado pela dor e pela infidelidade do povo, leva nas costas e no coração o sofrimento e a traição. Ele mesmo se torna oração, súplica orante, seio que intercede. Ao lado dele e por ele o rapaz perscruta o céu, para ver se do mar aparece o sinal de resposta à promessa de Deus.

É o paradigma do itinerário espiritual de cada um, mediante o qual o homem se converte verdadeiramente em amigo de Deus, instrumento do seu desígnio salvífico divino, e toma consciência da sua vocação e missão em benefício de todos os fracos da terra.

A vida consagrada no tempo presente é chamada a viver com particular intensidade a *statio* da intercessão. Somos conscientes do nosso limite e da nossa finitude, enquanto o nosso espírito atravessa o deserto e a consolação à procura de Deus e dos sinais da sua graça, trevas e luzes. Nesta *statio* orante se joga a rebelde obediência da profecia da vida consagrada que se faz voz de paixão pela humanidade. Plenitude e vazio – como percepção profunda do mistério de Deus, do mundo e do humano – são experiências que atravessamos ao longo do caminho com igual intensidade.

Papa Francisco nos interpela: "Lutamos com o Senhor pelo povo, como Abraão lutou (cf. Gn 18,22-33)? Aquela oração corajosa de intercessão. Nós falamos de *parresia*, de coragem apostólica, e pensamos nos planos pastorais, o que é bom, mas a mesma *parresia* é necessária também na oração".[92]

A intercessão se faz voz das pobrezas humanas, *adventus* e *eventus*: preparação para a resposta da graça, para a fecundidade da terra árida, para a mística do encontro no sinal das pequenas coisas.

A capacidade de sentar-se em coro torna os consagrados e as consagradas não profetas solitários, mas homens e mulheres de comunhão, de escuta comum da Palavra, capazes de elaborar juntos significados e sinais novos, pensados e construídos também no tempo da perseguição e do martírio. Trata-se de um caminho para a *comunhão de diferenças*: sinal do Espírito que sopra nos corações a paixão "para que todos sejam uma só coisa" (Jo 17,21). Assim se manifesta uma Igreja que – sentada à mesa depois de um caminho de dúvidas e de comentários tristes e sem esperança – reconhece o seu Senhor ao partir o pão (Lc 24,13-35), revestida da essencialidade do Evangelho.

---

[92] Francisco, *Discurso* aos párocos da diocese de Roma (6 de março de 2014).

PARA REFLEXÃO

18. As provocações de Papa Francisco

- "Quando o Senhor quer dar-nos uma missão, quer dar-nos um trabalho, prepara-nos para fazê-lo bem", exatamente "como preparou Elias". O importante "não é que ele tenha encontrado o Senhor", mas "todo o percurso para chegar à missão que o Senhor confia". E justamente "esta é a diferença entre a missão apostólica que o Senhor nos dá e uma tarefa humana, honesta, boa". Por isso, "quando o Senhor dá uma missão, faz-nos entrar sempre num processo de purificação, num processo de discernimento, num processo de obediência, num processo de oração".[1]

- "Sou dócil, humilde? Naquela comunidade há disputa entre eles pelo poder, disputas por inveja? Existem fofocas? Então não estão no caminho de Jesus Cristo." A paz numa comunidade, de fato, é uma "peculiaridade muito importante. Muito importante porque o demônio procura dividir-nos, sempre. É o

---

[1] Francisco, *Meditação matutina* na capela da *Domus Sanctae Marthae*, Roma (13 de junho de 2014).

pai da divisão; com a inveja, divide. Jesus faz-nos ver esse caminho, o caminho da paz entre nós, do amor entre nós".[2]

- É importante "ter o costume de pedir a graça da memória do caminho que o povo de Deus fez". A graça também da "memória pessoal: o que Deus fez comigo na minha vida, como me fez caminhar?". É preciso também "pedir a graça da esperança que não é otimismo: é outra coisa"; "pedir a graça de renovar todos os dias a aliança com o Senhor que nos chamou".[3]

- E este "é o nosso destino: caminhar na ótica das promessas, certos de que se tornarão realidade. É bom ler o décimo primeiro capítulo da Carta aos Hebreus, onde se conta a caminhada do povo de Deus para as promessas: como essa gente amava muito essas promessas e as buscava também com o martírio. Sabia que o Senhor era fiel. A esperança nunca desilude. [...] Esta é a nossa vida: crer e pôr-se a caminho" como fez Abraão, que teve

---

[2] FRANCISCO, *Meditação matutina* na capela da *Domus Sanctae Marthae*, Roma (29 de abril de 2014).

[3] FRANCISCO, *Meditação matutina* na capela da *Domus Sanctae Marthae*, Roma (15 de maio de 2014).

"confiança no Senhor e caminhou também nos momentos difíceis".[4]

- Não perder nunca o ímpeto de *caminhar pelos caminhos do mundo*, a consciência de que caminhar, andar também com passo incerto ou mancando, é sempre melhor do que estar parado, fechado nas suas perguntas ou nas suas seguranças. A paixão missionária, a alegria do encontro com Cristo que vos impele a partilhar com os outros a beleza da fé, distante do risco de ficar bloqueados no individualismo.[5]

- Os religiosos são profetas. São aqueles que escolheram um seguimento de Jesus que imita a sua vida com obediência ao Pai, a pobreza, a vida de comunidade, a castidade. [...] Na Igreja os religiosos são chamados em particular a serem profetas que testemunhem como Jesus é vivido nesta terra, e que anunciem como o Reino de Deus será na sua perfeição. Um religioso nunca deve renunciar à profecia.[6]

- Esta é uma atitude cristã: a vigilância. A vigilância sobre si mesmo: o que acontece

---

[4] FRANCISCO, *Meditação matutina* na capela da *Domus Sanctae Marthae*, Roma (31 de março de 2014).

[5] FRANCISCO, *Audiência* aos participantes no encontro promovido pela Conferência Italiana dos Institutos Seculares, Roma (10 de maio de 2014).

[6] A. SPADARO, *Intervista a Papa Francesco*, in *La Civiltà Cattolica* III (2013), p. 449-477.

no meu coração? Porque o meu tesouro está onde o meu coração estiver. O que acontece ali? Os padres orientais dizem que se deve conhecer bem se o meu coração está numa turbulência ou se está tranquilo. [...] Depois, que faço? Procuro compreender o que acontece, mas sempre em paz. Compreender em paz. Depois volta a paz e posso fazer a *discussio conscientiae*. Quando estou em paz, não há turbulência: "Que aconteceu hoje no meu coração?". E isto é vigiar. Vigiar não significa ir à sala de torturas, não! Significa olhar para o coração. Nós devemos ser donos do nosso coração. Que sente o meu coração, o que procura? O que me faz hoje feliz e o que não me fez feliz?[7]

- Graças a Deus, vós não viveis nem trabalhais como indivíduos isolados, mas como comunidade: e dai graças a Deus por isto! A comunidade sustém todo o apostolado. Às vezes as comunidades religiosas são atravessadas por tensões, com o risco do individualismo e da dispersão, mas são necessárias comunicação profunda e relações autênticas. A força humanizadora do Evangelho é testemunhada pela fraternidade vivida em comunidade,

---

[7] Francisco, *Discurso* aos reitores e aos alunos dos Pontifícios Colégios e Internatos de Roma, Roma (12 de maio de 2014).

feita de acolhimento, respeito, ajuda mútua, compreensão, amabilidade, perdão e alegria.[8]

- Sois um fermento que pode produzir um pão bom para muitos, aquele pão do qual se tem tanta fome: a escuta das necessidades, dos desejos, das desilusões, da esperança. Como quem vos precedeu na vossa vocação, podeis devolver esperança aos jovens, ajudar os idosos, abrir caminhos para o futuro, difundir o amor em todo lugar e em cada situação. Se isto não acontecer, se faltar testemunho e profecia em vossa vida comum, então, torno a repetir-vos, é urgente uma conversão![9]

- Em vez de ser apenas uma Igreja que acolhe e que recebe tendo portas abertas, procuremos ser uma Igreja que encontre novos caminhos, que seja capaz de sair de si mesma e ir para quem não a frequenta, que saiu dela ou é indiferente. Quem saiu dela, às vezes o fez por razões que, se bem compreendidas e avaliadas, podem levar a um retorno. Mas é preciso audácia, coragem.[10]

---

[8] FRANCISCO, *Discurso* aos participantes no Capítulo Geral da Sociedade Salesiana de São João Bosco (Salesianos), Roma (31 de março de 2014).
[9] FRANCISCO, *Audiência* aos participantes no encontro promovido pela Conferência Italiana dos Institutos Seculares, Roma (10 de maio de 2014).
[10] A. SPADARO, *Intervista a Papa Francesco*, in *La Civiltà Cattolica* III (2013), p. 449-477.

- Na vida consagrada se vive o encontro entre os jovens e os idosos, entre a observância e a profecia. Não as vejamos como duas realidades opostas. Deixemos antes que o Espírito Santo anime ambas, e o sinal disto é a alegria: a alegria de observar, de caminhar numa regra de vida; e a alegria de ser guiados pelo Espírito, nunca rígidos, nunca fechados, sempre abertos à voz de Deus que fala, que abre, que conduz, que nos convida a ir para o horizonte.[11]

---

[11] Francisco, *Homilia* na Festa da Apresentação do Senhor – XVIII Jornada Mundial da vida consagrada, Roma (2 de fevereiro de 2014).

AVE, MULHER
DA ALIANÇA NOVA

19. Caminhar seguindo os sinais de Deus significa experimentar a alegria e o renovado entusiasmo do encontro com Cristo,[1] centro da vida e fonte das decisões e das obras.[2]

O encontro com o Senhor renova-se cada dia na alegria da caminhada perseverante. "Sempre a caminho com aquela virtude que é uma virtude peregrina: a alegria!"[3]

Os nossos dias invocam a necessidade de vigiar: "Vigilância. É olhar para o coração. Nós devemos ser donos do nosso coração. Que sente o meu coração, o que procura? O que me fez hoje feliz e o que não me fez feliz? [...] Isto é conhecer o estado do meu coração, a minha vida, como caminho pela via do Senhor. Porque, se não há vigilância, o coração anda por toda parte; e a

---

[1] BENTO XVI, Carta Apostólica sob forma de *motu proprio Porta fidei*, com a qual se proclama o Ano da Fé (11 de outubro de 2011), n. 2.
[2] CONGREGAÇÃO PARA OS INSTITUTOS DE VIDA CONSAGRADA E AS SOCIEDADES DE VIDA APOSTÓLICA, Instrução *Partir de Cristo. Um renovado compromisso da vida consagrada no terceiro milênio* (19 de maio de 2002), n. 22.
[3] FRANCISCO, *Audiência* aos participantes no encontro promovido pela Conferência Italiana dos Institutos Seculares, Roma (10 de maio de 2014).

imaginação vai atrás. [...] Estas não são coisas antigas, não são coisas superadas".[4]

O consagrado se torna *memoria Dei*, recorda o agir do Senhor. O tempo que nos é dado para caminhar atrás da nuvem que pede perseverança, fidelidade para perscrutar na vigília "como se estivesse vendo o invisível" (Hb 11,27). É tempo da aliança nova. Nos dias do fragmento e da respiração breve, como a Elias nos é pedido para vigiar, perscrutar o céu sem se cansar para divisar a *nuvem, do tamanho da palma da mão*, conservar a audácia da perseverança e a visão nítida da eternidade. O nosso tempo permanece um tempo de exílio, de peregrinação, na espera vigilante e alegre da realidade escatológica em que Deus será tudo em todos.

Maria "é a nova arca da aliança, perante a qual o coração exulta de alegria, a Mãe de Deus presente no mundo, que não conserva para si esta presença divina, mas oferece-a compartilhando a graça de Deus. E assim – como recita a oração – Maria realmente é *causa nostrae laetitiae*, a *arca* em que realmente o Salvador está presente entre nós".[5]

Ave, Maria, Mulher da Aliança nova, nós te chamamos bem-aventurada porque *acreditaste* (cf. Lc 1,45) e soubeste "reconhecer os vestígios do Espírito de Deus

---

[4] FRANCISCO, *Discurso* aos reitores e aos alunos dos Pontifícios Colégios e Internatos de Roma, Roma (12 de maio de 2014).

[5] BENTO XVI, *Homilia* na festa da Assunção da Bem-Aventurada Virgem Maria, Castelgandolfo (15 de agosto de 2011).

tanto nos grandes acontecimentos como naqueles que parecem imperceptíveis".[6]

Sustenta a nossa vigília na noite, até as luzes da aurora na espera do dia novo. Concede-nos a profecia que narra ao mundo a alegria do Evangelho, a felicidade daqueles que perscrutam os horizontes de terras e céus novos (cf. Ap 21,1) e antecipam a presença deles na cidade humana.

Ajuda-nos a confessar a fecundidade do Espírito no sinal do essencial e do pequeno. Concede-nos realizar o ato corajoso do humilde para o qual Deus *dirige o olhar* (Sl 138[137],6) e a quem são revelados os segredos do Reino (cf. Mt 11,25-26), aqui e agora.

Amém.

Vaticano, 8 de fevereiro de 2014
Natividade da Bem-aventurada Virgem Maria

João Braz card. de Aviz
Prefeito

† José Rodríguez Carballo, O.F.M.
Arcebispo Secretário

---

[6] FRANCISCO, Exortação Apostólica *Evangelii gaudium* (24 de novembro de 2013), n. 288.

SUMÁRIO

Caríssimos irmãos e irmãs 5
Em êxodo obediente 9
   À escuta 9
   Como guiados pela nuvem 13
   Memória viva do êxodo 15
   Alegrias e percalços do caminho 21
Em vigília vigilante 29
   À escuta 29
   A profecia da vida conforme o Evangelho 35
      Evangelho regra suprema 37
      Formação: Evangelho e cultura........................41
   A profecia da vigilância 45
      Unidos para perscrutar o horizonte 47
      Um guia "atrás do povo"....................................50
      A mística do encontro 53
   A profecia da mediação 61
      Nas encruzilhadas do mundo 62
      No sinal do pequeno 67
      Em coro com a *statio orante* 71
Para reflexão...75
   As provocações de Papa Francisco.......................75
Ave, Mulher da Aliança nova...81

Impresso na gráfica da
Pia Sociedade Filhas de São Paulo
Via Raposo Tavares, km 19,145
05577-300 - São Paulo, SP - Brasil - 2015